我为车狂系列

电动汽车的

101 个

真相

[德] 约尔格·里佩尔（Jörg Rippel） 编著

庞 珅 郭毅龙 译

机械工业出版社
CHINA MACHINE PRESS

《电动汽车的101个真相》通过问答方式，从政策法规、技术和性能特点、使用和维护方式、购车和用车成本以及人身健康和环境影响等方面讲解了电动汽车的优势与不足，同时介绍了很多有关电动汽车的鲜为人知的品牌、人物和车型故事，行文通俗易懂，收录大量图表，兼具实用性与趣味性。

本书既适合作为普罗大众了解电动汽车的科普读物，也适合作为中小学科学教育的参考读物。

Jörg Rippel, 101 Dinge, die man über E-Autos wissen muss

ISBN 978-3-95613-070-0

© 2020 GeraMond Verlag GmbH

Simplified Chinese Translation Copyright © 2024 by China Machine Press. This edition is authorized for sale in the Chinese mainland (excluding Hong Kong SAR, Macao SAR and Taiwan).

All right reserved.

本书中文简体字版由 GeraMond Verlag GmbH 授权机械工业出版社在中国大陆地区（不包括香港、澳门特别行政区及台湾地区）独家出版发行。未经出版者书面许可，不得以任何方式抄袭、复制或节录本书中的任何部分。

北京市版权局著作权合同登记　图字：01-2022-6766 号。

图书在版编目（CIP）数据

电动汽车的101个真相 /（德）约尔格·里佩尔编著；庞珅，郭毅龙译. -- 北京：机械工业出版社，2024. 9.（我为车狂系列）. -- ISBN 978-7-111-76567-7

Ⅰ . U469.72

中国国家版本馆 CIP 数据核字第 2024QB7928 号

机械工业出版社（北京市百万庄大街22号　邮政编码100037）
策划编辑：孟　阳　　　　　责任编辑：孟　阳
责任校对：薄萌钰　陈　越　　封面设计：马精明
责任印制：张　博
北京利丰雅高长城印刷有限公司印刷
2024 年 10 月第 1 版第 1 次印刷
145mm×210mm · 6 印张 · 170 千字
标准书号：ISBN 978-7-111-76567-7
定价：69.90 元

电话服务　　　　　　　　　　网络服务
客服电话：010-88361066　　机 工 官 网：www.cmpbook.com
　　　　　010-88379833　　机 工 官 博：weibo.com/cmp1952
　　　　　010-68326294　　金 书 网：www.golden-book.com
封底无防伪标均为盗版　　机工教育服务网：www.cmpedu.com

译者的话

一年前，结束了在德国的五年求学生涯后，我回到祖国，选择走进汽车媒体行业。一年来，我真切感受了国内电动汽车产业的飞速发展，感受到国人对电动汽车的关注与认可。结合自己在老牌汽车工业国的经历，我对电动汽车这个既"古老"又"新鲜"的交通工具也有了更深刻的认识。

今年，我买下了自己的第一台电动汽车。

做出购买电动汽车的决定，主要源于我所在的城市——上海的牌照政策：普通牌照（俗称"蓝牌"）必须竞拍，不仅中标率低，还要支付近10万元费用，相比之下，新能源汽车专用牌照（俗称"绿牌"）只要具备一定资格就能免费申请，显然是一种更便捷、更具性价比的获得"机动车自由"的方式。

正像"绿牌"对比"蓝牌"一样，同级电动汽车对比燃油汽车也具有更高的性价比：动力方面的优势毋庸置疑，得益于电机的动力特性曲线，二十多万元的电动汽车的动力储备和平顺性，已经丝毫不逊于百万元级别的燃油汽车；没有了内燃机的噪声与振动，静谧性成为电动汽车的先天优势，当然，对于那些追求运动特性和感官刺激的驾驶者，"无声"的加速过程确实少了些乐趣；智能化方面，国内市场上的电动汽车表现尤为突出，操作流畅度堪比手机操作系统的车机系统，无所不能的语音助手，都让驾驶过程变得更简单、更愉悦。"冰箱、彩电、大沙发"曾经是一句调侃，但如今已经进入很多购车人的心愿配置清单。电动汽车给中国汽车市场带来的改变是颠覆性的。

谈到电动汽车的优势，智能驾驶也是绕不开的话题。智能驾驶与操控是相悖的吗？伴随智驾技术的进化和普及，这个问题经常被提出。一方面，我们必须承认，在一些使用场景下，比如高速公路长途驾驶和拥堵路况，智驾功能确实是有价值的，它能实实在在减轻驾驶者的劳动强度，甚至规避一些危险；另一方面，尽管有些制造商宣称智驾技术已经达到L3级甚至L4级，但可以肯定的是，现阶段的智驾功能都会受到种种客观条件的制约，而且离不开驾驶者的监管。

如果要列举现阶段还有什么因素会影响消费者选购电动汽车，"里程焦虑"一定位居前列。但其实，"里程焦虑"的背后往往并不是"续驶里程"真的不够用，而是充电耗时过长或充电基础设施不足。就我的实际情况来说，我的电动汽车采用了800伏平台，我没有选装家充桩，但配合公共快充桩，十多分钟就能增加几百公里续驶里程，应对日常城市出行绰绰有余，没让我感觉不便。但即便如此，我也难免有"里程焦虑"：除上海这样的一线大城市外，国内还有很多城市的充电基础设施并不完善，尤其在维护水平上参差不齐，充电桩故障、损坏、充电功率低等情况总会遇到；节假日长途出行时，高速公路沿途充电桩排队等待时间长到让人崩溃；冬季气温较低时，受制于电池的化学特性，续驶里程会大打折扣。不得不说，现阶段购买和使用电动汽车，是必须考虑用车地域和使用场景的。

尽管如此，我依然认为在国内买一台电动汽车用于日常通勤是极具性价比的选择，对比欧洲和国内市场同时在售的很多同级或同款产品，你会发现国内的售价往往只有欧洲的一半甚至更少。当然这也是让很多欧洲人愤愤不平的一点。

如今，至少对国人来说，买一台电动汽车早已不是一件"具有挑战性"或"猎奇感"的事。但我相信很多朋友对电动汽车的技术和性能特点、使用和维护方式、购车和用车成本以及人身健康和环境影响等方面还是一知半解，而这些问题恰恰能帮你做出一系列合理的判断和选择，让你决定是否买下一台电动汽车，并且知道该怎样把一台电动汽车的性能和性价比优势发挥到极致。这本书用101个问答的形式全面讲解了这些知识点，我在翻译的过程中还补充了一些适合国内情况的内容，如果你正纠结于是否买一台电动汽车，或是想浅尝辄止地了解尽可能多的电动汽车知识，这本书一定是很好的选择！

庞 珅

2024年7月于上海

目　录

冲向太空的电动汽车

银河系漫游指南

1

目前，"行驶里程"最长的电动汽车是一台 2018 年 2 月出厂的特斯拉 Roadster。特斯拉的姊妹公司 Space X 想要展示"重型猎鹰"（Falcon Heavy）运载火箭的性能，考虑到宣传效果，Roadster 是最好的选择。

这是"重型猎鹰"运载火箭的首次试射，发生事故或坠落的风险极高。通常情况下，运载火箭会携带混凝土块作为模拟载荷。但这次试射，公司创始人埃隆·马斯克（Elon Musk）并没有这样做，他选择用自家的特斯拉 Roadster 作为模拟载荷。"重型猎鹰"上的多部摄像机，用来记录这台樱桃红色跑车穿越浩瀚宇宙的旅程。火箭运行轨道距离太阳最远有 1.67 个天文单位（1 天文单位 $=1.496 \times 10^8$ 千米），下一次经过地球附近，预计是在 2091 年。

那台 Roadster 的驾驶座上坐着一个名叫斯塔曼（Starman）的等身人偶，杂物箱里放着一本科幻小说《银河系漫游指南》（*The Hitchhiker's Guide to the Galaxy*）和一条毛巾[1]。如果这台车穿过超空间快速通道，不知沃贡人会作何感想？

特斯拉 Roadster 与斯塔曼

---

1 根据《银河系漫游指南》，对一名星际漫游者而言，毛巾是最有用的东西。——译者注

唐老鸭的座驾

举世闻名的电动汽车

　　底特律电气（Detroit Electric）是 20 世纪初期的著名电动汽车制造商，他们在 1907—1939 年间总共制造了 1.2 万台电动汽车。

　　你不觉得图中这款车很眼熟吗？它是唐老鸭的座驾，是一款底特律电气公司在 1916 年生产的电动汽车。《米老鼠》（*Mickey Mouse*）杂志的漫画真实还原了它的方向杆，后来又换成了方向盘。这款电动汽车在当时卖得比燃油汽车好。

位于斯德哥尔摩的瑞典国家科学技术博物馆收藏的底特律电气电动汽车

　　现实生活中有很多名人追捧过这款电动汽车，比如亿万富翁约翰·洛克菲勒（John Rockefeller）和大发明家托马斯·爱迪生（Thomas Edison）。爱迪生甚至亲自为它研制了一种轻量化动力电池，使它能以 39 千瓦（53 马力）的输出功率实现 55 公里／时的最高行驶速度和 120 公里的续驶里程。

"司机式骨折"

　　由于不需要通过手摇曲柄来起动，底特律电动汽车格外受女士们欢迎。当时，电动汽车相比燃油汽车更安全、更容易操作，也不会让驾驶者满身油污。起动一台早期燃油汽车是一件很有挑战性的事：用手摇杆起动内燃机时，手臂很可能被反弹的摇杆打到，导致桡骨茎突斜向骨折，这种骨折因此被称为"司机式骨折"。有鉴于此，当时的车主们都倾向于雇用专职司机，而不是自己驾车。这样看来，不仅是女士们着迷于电动汽车，男士们也该视它为珍宝——至少你的爱人不会总被一个年轻力壮的司机盯着看。

如果燃油汽车没能"战胜"电动汽车

今天的世界会是什么样？

3

大约从 1880 年起，第一批电动汽车在英国、德国和法国相继问世。十年后，北美也出现了电动汽车。在美国，电动汽车实现商业化量产大概始于 1897 年。1900 年左右，电动汽车约占全美汽车保有量的 38%，汽油车约占 22%，其余是蒸汽车。1912 年，美国大约有 20 家电动汽车制造商，他们的总产量甚至超过了福特汽车公司。创新的流水线式生产方式，让福特在售价和产量方面拥有了显著优势，在所有汽车制造商中傲立潮头。在美国，福特让汽车实现了真正意义上的批量生产。有人甚至在福特 T 型车的基础上打造了一台电动汽车原型车，但最终没能量产。试想一下，如果福特当时量产的是廉价的电动汽车，而不是燃油汽车，那么私人交通工具会如何发展？

德国当时有大约 30 家电动汽车制造商，其中相对成功的有：

1908 年的贝克（Baker）电动汽车广告

亨舍尔公司（Henschel）、梅塞施密特 - 伯尔科 - 布罗姆公司（Messerschmitt-Bölkow-Blohm）、西门子公司（Siemens）、塔尔博特公司（Talbot）和瓦特堡公司（Wartburg）。费迪南德·保时捷（Ferdinand Porsche）研制了一款采用轮毂电机的电动汽车，也就是著名的洛纳 - 保时捷（Lohner-Porsche）。这款车在 1900 年的巴黎世界博览会上首次公开展出，主要亮点是不需要变速器。接下来几年，保时捷又研

1907 年的电动货车，车身上的文字表明它属于美国自然历史博物馆

制了一款划时代的油电混合动力汽车，兼具客货载运功能。遗憾的是，1906 年的一场法律纠纷让这款车的生产画上了句号。

　　在那个年代，电动汽车比燃油汽车更受欢迎。它们几乎没有振动，也不会有内燃机的恼人噪声，更不可能有难闻的汽油或柴油味。它们不需要用摇杆起动，不需要在行驶过程中用变速器换档。上流社会的人士尤其钟爱电动汽车，在一些旅游胜地，比如瑞士采尔马特（Zermatt），电动汽车在出行消费市场上占据了主导地位。然而，随着标准石油公司（Standard Oil）的影响力不断扩大，汽油逐渐成为工业生产和日常生活的主要能源。1920 年后，内燃机统治了日常交通。

无法解读的历史

　　很多技术史学家和科学家都曾研究过燃油汽车"战胜"电动汽车的历史过程，试图探寻导致电动汽车衰落的真正原因。他们能达成的共识是，19 世纪末到 20 世纪初，电动汽车与燃油汽车此消彼长式的发展过程，并不能完全从科学和技术的角度来解读。

单踏板驾驶模式

全新驾驶体验

4

有些电动汽车可以只用加速踏板来控制纵向行驶状态（加减速），这就是很多媒体提到的单踏板驾驶模式。在电动汽车上，离合器踏板彻底消失了，靠电机制动回收能量的动能回收系统让制动踏板也不再是"必需品"。

现代 Kona 的空气动力学轮辋，这款车能通过动能回收来增加续驶里程

动能回收系统（详见第 5 个真相）工作时，汽车的动能通过电机以电能的形式传输给动力电池，再以化学能的形式储存在动力电池中。动能回收在增加汽车续驶里程的同时，也减少了制动器的损耗，保护了制动系统。

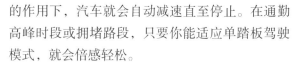

轻松驾驶

单踏板驾驶模式让驾驶过程变得轻松惬意。加速或保持一定速度行驶（巡航）时，你可以按习惯的方式来控制加速踏板。只要松开加速踏板，或是减小施加在加速踏板上的压力，在动能回收系统

的作用下，汽车就会自动减速直至停止。在通勤高峰时段或拥堵路段，只要你能适应单踏板驾驶模式，就会倍感轻松。

多数电动汽车的"动能回收力度"（动能回收过程产生的制动力）是可以调节的。"动能回收力度"最弱时，感觉就像轻踩了一下制动踏板，而"动能回收力度"最强时，感觉就像猛踩了一下制动踏板，而且几乎是"一踩到底"。驾驶者只要适应了单踏板驾驶模式，就不会对动能回收导致的频繁且短促的加减速过程感到不适，但大多数乘客恐怕很难感到愉悦。因此，至少在载客的情况下，关闭单踏板驾驶模式，或把"动能回收力度"调到最弱一档，可能是比较明智的选择。

你可以在日产聆风（Leaf）、特斯拉 Model 3 或宝马 i3 等车型上体验到单踏板驾驶模式。请放心，这些车型都没有取消制动踏板，无论是出于驾驶习惯，还是面临一些紧急情况时，你仍然可以用它来减速。

用动能回收代替机械制动

更少的制动粉尘

5

"动能回收"是回收车辆运动能量的专业表达。对于传统燃油汽车，动能会在制动时转化为热能——制动盘会变热，然后完全散失。换言之，这部分能量被浪费了。为了提高电动汽车的续驶里程，研发人员采用了一种简便高效的技术方案：利用电机来使车辆制动，同时尽可能多地把动能转化为电能。

成熟的动能回收技术

实际上，动能回收技术应用在交通工具上的历史已经有一百多年了。齿轨列车[1]和电力列车都会使用这项技术，典型的表现形式

奥迪 Q4 e-tron

---

1 原文 Zahnradbahnen，一种通常用于登山的列车。——译者注

是涡流制动器，回收的能量要么传输到车辆的储能系统中，要么传输到电网中。一些内燃机驱动的公交车也会使用涡流制动器，把制动能量转化为电能后，给电暖气供电。总之，能量回收技术在城市交通工具上的广泛应用，有效降低了油耗，极大节约了能源。

动能回收系统中的"能量流"

有些电机在不同情况下会在"电动机"与"发电机"的角色间转换，在进行能量回收时，它扮演"发电机"，把动能转化为电能，增加车辆的续驶里程。不过，通过这种方式回收的能量是有限的，还无法让车辆持续行驶。大多数制造商的测试表明，动能回收效率已经能达到60%，这在很大程度上取决于电机的制造方式和动能回收水平。

城市交通

动能回收功能在走走停停的城市交通中效果显著。在这种使用场景下，电动汽车的能耗会远低于长途高速行驶。动能回收系统的持续工作，辅以较低的空气阻力，让电动汽车能以相对经济的方式行驶。燃油汽车在类似使用场景下的能耗反而是最高的。因此，早期的电动汽车主要用于市区通勤。如今，技术进步已经让电动汽车的应用场景不再局限于市区，但不得不承认的是，市区通勤的高经济性依然是电动汽车的核心优势。

附加功效

动能回收技术的附加功效是缓解制动粉尘污染。机械制动器在工作时会产生粉尘（制动摩擦片与制动盘剧烈摩擦时产生的粉尘），动能回收技术降低了机械制动器的使用频率，自然减少了制动粉尘。制动粉尘是城市粉尘污染的主要来源之一。在市区更多使用电动汽车，能为改善空气质量做出很大贡献。

电动邮政车

StreetScooter

6

大约在 1900 年，一些国家的邮政系统开始尝试使用电动汽车。1907—1913 年，柏林 - 夏洛滕堡（Berlin-Charlottenburg）的柏林电动汽车厂（Berliner Elektromobilfabrik，B.E.E）制造了一批电动邮政车。同期，汉莎 - 洛伊德厂（Hansa-Lloyd-Werke）制造的电动邮政车主要在柏林和莱比锡运营。在市区，电动邮政车的运营成本相比燃油邮政车低得多。到 20 世纪 30 年代，电机的能效已经达到内燃机的三倍。

全线覆盖的邮政系统

1924 年，致力于"全线覆盖"的德国邮政集团在柏林投入了 360 台汉莎 - 洛伊德厂制造的 2 吨级（指载重量）电动邮政车，"邮政马车"从此成为历史。1958 年，德国邮政又决定放弃电动汽车，主要原因是第二次世界大战结束后，电价飞涨的同时，油价不断下跌。2014 年，同样出于经济原因，德国邮政再次拥抱"电动化"：通过收购电动商用车制造商 StreetScooter，研发用于邮政快递服务的电动汽车。StreetScooter 是由亚琛工业大学（RWTH）的冈瑟·舒教授（Günther Schuh）与阿希姆·坎普克教授（Achim Kampker）

StreetScooter 电动邮政车

长轴版 StreetScooter 电动邮政车

联手创建的。在成功开展了 100 台试制车的实况测试后，StreetScooter 研发的电动汽车逐步整合到德国邮政的服务体系中。电动汽车是开展邮政快递服务的理想载具，尤其是在可能需要长时间停车等待或频繁走走停停的市区短途服务场景下。邮政快递车的工作路线是固定的，而且行程通常不超过 20 公里——远低于一般电动汽车的续驶里程。此外，这些专用车一般只在白天工作，能充分利用夜晚错峰充电。更重要的是，纯电动汽车是没有任何排放物的，这对提高空气质量大有助益。

量产与建立车队

StreetScooter 研发的电动汽车从 2016 年开始正式量产，至今已有超过 1 万台投入运营。由此，德国邮政拥有了德国规模最大的电动汽车车队。他们曾计划在十年时间里，把德国境内所有用于包裹和信件运输的大约 4.8 万台燃油汽车全部替换为电动汽车。StreetScooter 的第二个工厂在 2018 年投产，年产能大约有 1 万台。根据德国邮政的说法，使用电动汽车节省了 60%~70% 的燃料费和 60%~80% 的车辆维修费。不过，德国邮政并不想成为电动汽车制造商，出于市场和经济原因，他们在 2020 年停产了所有 StreetScooter 电动汽车，并在 2022 年出售了 StreetScooter 的产品知识产权和部分资产。

特斯拉

发明家与初创公司

7

2003 年，马丁·艾伯哈德（Martin Eberhard）与马克·塔彭宁（Marc Tarpenning）携手创建了特斯拉公司。公司的名字取自发明家尼古拉·特斯拉（Nikola Tesla）。在特斯拉发明划时代的交流电机前，人们普遍认为结构简单的直流电机已经是"终极电驱动器"。今天的电动汽车搭载的交流电机，无一例外地都遵循着特斯拉提出的设计原理。

特斯拉公司成立一年后，为实现产品量产，急需新的投资人。对探索太空满怀热情的塔彭宁，参加了一场火星协会的讲座，其中一位演讲者正是埃隆·马斯克。2006 年，特斯拉公司在一次私人活动中展示了 Roadster 跑车，作为公司的第一款电动汽车，它的研发成本异常高昂。

投资人

2002 年，马斯克通过出售贝宝[1]筹集资金，创建了运载火箭公司 Space X。他对所有新概念和新技术都充满兴趣，不屑于循规蹈矩。他投资特斯拉公司，就是被后者的创新理念所吸引。作为回报，马斯克先是担任特斯拉公司的监事会主席，在艾伯哈德和塔彭

特斯拉 Cybertruck

1　Paypal，类似于支付宝的支付软件。——译者注

特斯拉电动铰接式货车 Semi 的原型车

宁于 2008 年离职后，他得以独掌公司大权。

产品

　　Roadster 问世后，从 2012 年到 2017 年，Model S、Model X 和 Model 3 车型相继投放市场。2020 年诞生的跨界车 Model Y 进一步填补了市场空白。极具科幻感的皮卡 Cybertruck，尽管不是第一款入市的电动皮卡，但仍然以独到的理念和技术博得了广泛关注。电动铰接式货车 Semi 的原型车目前正在接受一系列测试，它很可能成为公路货运方式的颠覆者。

　　车主们对自己的特斯拉可谓爱恨交加。尽管早期车型糟糕的装配质量和虚高的定价都饱受诟病，但人们对特斯拉的热情似乎从未衰减。众所周知，特斯拉的核心卖点之一，是打破了传统的内外饰设计和人机交互规则，它也因此被称为"汽车界的苹果"。

2017 款特斯拉 Model 3

超级工厂

每天生产百万瓦时电池

8

位于美国内华达州的特斯拉 1 号超级工厂（Gigafactory 1）堪称巨型工厂：它的占地面积大约有 100 万平方米，相当于 135 个足球场，生产设施耗资约 50 亿欧元，能提供 1 万个就业岗位。这座工厂最初每天能生产近 300 万个电芯，并把它们组装为完整的动力电池包。"Giga"[1] 这个名字源于工厂的电池年产能，最初是 35 吉瓦·时，后来提升到 54 吉瓦·时。此外，"Giga" 也象征着工厂建筑物的超大体量，建筑面积达到 54 万平方米，是当时世界上最大的建筑群。随着市场需求的增加，它的体量还将不断增大。

大建工厂

1 号超级工厂是特斯拉与日本松下公司合作建设的，后者提供了早期的电池生产技术。位于法布罗的 2 号超级工厂主要生产太阳能电池和 Powerwall 家用电池。如今，锂离子电池技术正飞速发展。特斯拉超级工厂生产的电芯在钴含量上处于行业最低水平，技术领先竞争对手 5 到 10 年。

特斯拉超级工厂将全面使用可再生能源

---

1 英文简写为 G，中文称"吉"，数词，代表 10^9。——译者注

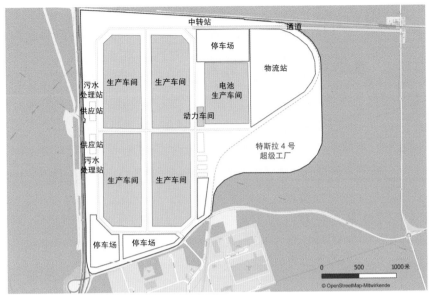

图注：中转站　通道　停车场　物流站　生产车间　生产车间　污水处理站　供应站　电池生产车间　动力车间　供应站　污水处理站　生产车间　生产车间　特斯拉 4 号超级工厂　停车场　停车场

0　500　1000 米

© OpenStreetMap-Mitwirkende

位于柏林附近的格吕海德（Grünheide）的特斯拉超级工厂

向中国和欧洲扩张

2019 年，特斯拉的 3 号超级工厂在中国上海建成投产，主要生产电芯以及 Model 3 和 Model Y 车型，产品大部分供应中国市场。截至 2023 年，3 号超级工厂的整车年产能已经超过 95 万台。2022 年，4 号超级工厂在德国柏林附近建成投产，主要生产 Model 3 和 Model Y 车型，这是特斯拉在欧洲的第一座工厂。5 号超级工厂已经确定在墨西哥投建。

行业领先

毫无疑问，特斯拉的设计理念和技术水平一直处于行业领先地位。来自中国、韩国的电池和整车制造商正在奋起直追，而欧洲的情况看起来暗淡无光。根据 Fraunhofer 系统和创新研究所的评估，欧洲在电池技术研发上已经远远落后，有人甚至建议完全放弃电池制造业。如果真这样做，欧洲将彻底丧失竞争机会。

速度纪录

永无止境的比利时人

9

为了普及汽车，1894 年 7 月，人类历史上第一场正式汽车比赛在法国举行，起点是巴黎，终点是鲁昂。在 20 多台参赛车中，有几台蒸汽车和电动汽车。除了速度，比赛还要对车辆的操控性、可靠性和油耗进行评判。无论从哪个评判项目审视，电动汽车在当时都优势显著。

纪录

1898 年，比利时人卡米列·热纳茨（Camille Jenatzy）发布了一台自己研制的电动汽车，名为 "La Jamais Contente"（永无止境），这台车的流线形车身由铝合金制成，驱动电机布置在后轴上。可能让你大吃一惊的是，它没有任何制动装置。1899 年 4 月 29 日，热纳茨驾驶"永无止境"用 34 秒时间行驶了 1 公里，车速大约是 105.8 公里 / 时，这让"永无止境"成为世界上第一台行驶速度突破 100 公里 / 时的公路车。对热纳茨而言，这台车的改进工作确实是永无止境的。

热纳茨还设计过很多款高速电动汽车，他一直走在追寻更快、更强的路上。1903 年，热纳茨加盟梅赛德斯车队，在爱尔兰斩获了戈登 - 贝内特杯（Gordon Bennet Cup），这是来自斯图加特的汽车品牌在国际赛事中的第一次完胜。

卡米列·热纳茨与他的"永无止境"电动汽车

德国的第一台四轮电动汽车

超过 130 年历史

1888 年，机械制造商安德烈亚斯 - 弗洛肯（Andreas Flocken）在他位于科堡（Coburg）的工厂里设立了电气工程部门，开始研发电动汽车。他的第一个成果名为"弗洛肯"，是德国的第一台四轮电动汽车。这台车基于双座马车打造，搭载了一台输出功率 0.9 千瓦（1.2 马力）的驱动电机。动力通过传动带传递给后轴。据说，"弗洛肯"的最高行驶速度能达到 15 公里 / 时。

"弗洛肯"电动汽车

不断改进

后续车型得到了很多改进。除了采用充气轮胎和带滚子轴承的车轮外，有些车型还配备了电灯，这在当时绝对算得上创新性舒适配置。方向杆可能也是弗洛肯发明的，据说他后来把专利卖给了亨利·福特。

遗憾的是，人们对发明家弗洛肯以及他对电动汽车的研究鲜有关注。通过报刊、历史照片，以及弗洛肯向市政府提出的供电线搭建申请，我们能管窥一些细节。他的儿子罗伯特·弗洛肯（Robert Flocken）是一位工程师和电气技术员。罗伯特在 1908 年继承了父亲的工厂，并且业绩斐然。1913 年 4 月，弗洛肯与世长辞。第一次世界大战后，工厂易主，业务方向局限于农用机械。

感谢弗洛肯的研究，让今天的德国人得以在 2013 年庆祝"电动汽车诞生 125 周年"。有人评论说：这是空洞的纪念？还是对未来的期许？

瑞典的研究

很多人都想了解的问题

11

"电动汽车不是传统燃油汽车的气候友好型替代品，锂电池的生产总是与大量排放相伴。"这是 2017 年瑞典一项研究的内容，它像野火一样在舆论中传播。尽管这项研究的内容一直备受争议，而且后续研究也得出了不同的结论，但"电动汽车的环境友好性并没有传统认知上那么好"这个观点已经深入人心。

决定性观点

近些年来，有关电动汽车的研究项目多如牛毛，很多人都试图从或宏观或微观的视角去剖析"电驱动形式"的价值，这实际上并没有什么意义。这些研究的内容经常会自相矛盾，即使你不是电动汽车专家，也可以基于合理的方法去质疑他们的观点。站在更高的维度去审视这些研究可能会更有帮助。例如，针对瑞典的这项研究，我们能提出的质疑是：一方面，几乎所有的锂电池制造商都在使用可再生能源制造锂电池，这一点在研究中只字未提；另一方面，这项研究在进行对比时，忽视了石油的生产、运输以及炼制过程中的基础设施。在这个背景下，让我们简单回忆一些关键词：水力压裂[1]，Brent Spar 事件[2]，"埃克森·瓦尔迪兹"号（Exxon Valdez）事件[3]，墨西哥湾漏油事件[4]。当然，还有很多类似的与石油相关的环境污染事件。除此之外，数十年来，含铅汽油对人类的健康也造成了难以估量的危害。尽管上述事实都造成了严重影响，但这项研究中同样没有考虑。

这项研究也没有提到"棕榈油基生物柴油"的问题。从整个

1　一种石油增产措施，可能对地下水资源产生严重污染。——译者注

2　一座属于荷兰壳牌石油公司的海上储油平台，壳牌原计划让它坐沉海底，但遭到环保组织抗议没能实现。——译者注

3　一艘运输石油的油轮，人为原因触礁后导致石油大量泄漏。——译者注

4　英国租用的位于墨西哥湾的"深水地平线"钻油平台发生井喷爆炸导致石油大量泄漏。——译者注

"绿色电能"是电动汽车充电桩的"标准配置"

生命周期来看，由于油棕种植园会破坏热带雨林，生产棕榈油基生物柴油排放的二氧化碳量，甚至是生产普通柴油的三倍，因此这种柴油并不是清洁能源。现实中，很多人会避免食用含有棕榈油的食品。此外，棕榈油燃料中含有高达 10% 的有机物，这一点还没有引起广泛关注。

稀土和钴

人们普遍认为稀土主要用于制造电动汽车的动力电池，这是错误的认知。事实上，汽车产业的稀土用量仅占稀土资源开采量的 1/3，而且燃油汽车和电动汽车都会用到。其余的稀土多用于玻璃、陶瓷、催化剂、化肥、半导体、空调、医疗器材等的加工和制造。我们日常生活中经常接触的智能手机、笔记本电脑等小型用电设备的电池，也会用到稀土。稀土是我们不可或缺的资源。把负面后果完全归咎于电动汽车就像是打烟幕弹，显然是在误导大众。

钴也是同样的道理。只有大约 8% 的钴用于制造动力电池。大部分钴都用于金属硬化、燃料脱硫和其他工业领域。我们可以要求相关企业在采购稀土和钴等材料时更加关注环保问题，从而有效改善开采条件。

瑞典的新研究

2019 年 12 月，瑞典环境科学研究院（IVL）与瑞典能源署合作，发布了针对 2017 年版研究报告的修订版报告。通过更新基础数据并引入曾经忽视的因素，研究人员得出了不同的结论：电动汽车比燃油汽车环保。

细节问题纷繁复杂。某种物品是否对环境有益，只能通过与替代品的比较来评估。在这方面，电动汽车完胜燃油汽车。内燃机要依靠石油运转，而石油是不可再生能源，我们应该把它用在更重要的领域。我们可以通过可再生能源为电动汽车提供电能，这对气候保护有很大助益。原材料必须在公平且环保的条件下开采，这是整个制造业都必须遵守的原则，而不仅仅是电动汽车制造业。

毫无疑问，更环保的出行方式一定是步行、骑自行车或使用公共交通工具。

电动终结者

未来已来

阿诺德·施瓦辛格（Arnold Schwarzenegger）虽然青睐"大块头"汽车，但他更希望减少排放。为此，他委托 Kreisel Electric 公司对自己的几台爱车进行了"电动化"改装，包括一台梅赛德斯 - 奔驰 G 级和一台悍马 H1。那台纯电悍马 H1 搭载了两台驱动电机，综合输出功率足有 360 千瓦（490 马力），最高行驶速度达到 120 公里 / 时，动力电池能量为 100 千瓦·时，续驶里程约为 300 公里。

Cybertruck

特斯拉 Cybertruck 的设计灵感，部分源自施瓦辛格主演的 1990 版《全面回忆》（*Total Recall*）中的道具车。这款皮卡肯定会在"终结者"车队中占有一席之地。施瓦辛格在担任加州州长期间主导通过了多部环保法规，他认为"这不是旧时代的终结"。我们应该采用新技术，依靠替代能源和节约能源来保护环境。

Kreisel Electric 公司改装的电动悍马 H1

充电是长久之计吗？

慢充与快充

13

与燃油汽车相比，电动汽车的补能方式显然大不相同。如今的电动汽车通常有慢充和快充两种充电方式。理想情况下，你的电动汽车每天应该在夜晚利用"用电波谷"来充电，第二天一早以满电状态迎接你。这种情况下，通常是用家用充电桩或普通市电插座来充电。

到处都有充电桩

家用充电桩通常是慢充桩，充电费用相对较低。并不是每个人都有条件安装家用充电桩，尤其是居住在城市里的人，大多要依靠公共充电桩。目前，公共充电桩的数量还远远不够，地下车库或停车场的充电桩也不充裕。如今，电动汽车的平均续驶里程在 400 公里左右，正常通勤情况下能行驶一周时间，可以利用周末外出购物、就餐、看电影时充电。这样就不必额外耗费时间充电。可以预期的是，未来会有更多供应商进入充电市场，满足人们的多样需求。

一台电动汽车正使用快充桩充电

利用购物时间给电动汽车充电

快充

在长途出行或一些时间紧张的出行场景下，通常需要快充。快充桩一般位于交通干线沿途、高速公路服务区和大型公共设施里（比如购物中心）。很多大城市的充电网络已经相当完善。曾经，电动汽车驾驶者必须使用特定的应用程序来搜索充电桩，而现在，车机系统能相对精确地计算剩余电量，帮你规划充电路线，引导你及时前往合适的充电桩充电。

大部分电动汽车驾驶者不希望在长途出行中耗费很长时间充电，因此，电动汽车是否适合长途出行，其实取决于充电（补能）速度。

充电速度

充电的快慢区间

14

电动汽车的充电速度可以用"增加 100 公里续驶里程所需充电时间"来表述。目前，市面上的电动汽车所需的充电时间差别很大。

使用快充桩时测得的不同车型充电时间比较

车型	增加 100 公里续驶里程所需充电时间 / 分钟
特斯拉 Model 3	7
特斯拉 Model S	12
现代 Ioniq	14
现代 Kona	14
起亚 e-Niro	14
特斯拉 Model X	14
捷豹 I-PACE	17
宝马 i3	21
起亚 Soul	22
欧宝 Ampera-e	25
日产 聆风	29
大众 e-Golf	30

即使是两台型号相同的电动汽车，动力电池的剩余电量（SOC）不同，充电速度也会有很大差异。电量几乎耗尽时的充电电流，通常要大于电量快充满时的充电电流。

务实的设想

长途出行必须依靠快充。通常情况下，驾驶者不希望在出行途中长时间休息，因此 10~20 分钟时间能充好电是相对合理的，对带孩子的家庭出行者而言也许可以延长到 30 分钟。充电速度越快（补充的电能越多），行驶中的平均电耗越低，电动汽车的行驶里程就越长。

充电特性

电动汽车制造商提供的用户手册里有两个关键术语：动力电池容量和充电时间。动力电池容量通常是指可用的"净容量"。充电时间一般是指用标准充电桩把电池电量从 20% 补充到 80% 所需的时间。

根据经验，由 20% 电量补充到 80% 电量所用的时间，与由 80% 电量补充到 100% 电量所用的时间差不多。这意味着，最好选择在电量剩余 20% 左右时去充电，并且充到 80% 电量就可以了。这样充电速度很快，不用耗费很长时间，综合来看补能效率最高。

现在的电动汽车充电 15 分钟一般能增加 100~250 公里的续驶里程。

可比性

计算得出的充电速度，让对比电动汽车的补能效率和能耗变得更容易、更透明。谈论"充电一定时间能行驶多少里程"或"行驶一定里程要用多长时间充电"，要比单纯谈论制造商提供的动力电池容量和续驶里程的"理论值"更有实际意义。

现代 Kona 慢充时的显示信息，由 68% 电量充到 80% 电量还需要 22 分钟，充电功率是 22 千瓦

快充门与低温门

适宜的充电温度

15

给动力电池充电是一个把电能转化为化学能的电化学过程，这个过程的速度会受动力电池内部温度的影响。只要动力电池的内部温度超出最佳范围，充电速度就会降低。

快充门

"快充门"因日产聆风而广为人知。动力电池在快充桩充电时，内部温度会升高，这是正常现象。但如果内部温度过高（超过55摄氏度），就可能导致损坏。尽管主动冷却系统能降低动力电池的内部温度，但有时还不足以使温度恢复到正常范围内，这时就必须通过减小充电电流来防止进一步升温。当动力电池管理系统为防止温度持续升高而干预充电过程时，就会出现"快充门"，导致充电时间明显延长。

低温门

"低温门"出现在环境温度较低的情况下。动力电池中的电化学反应速度在内部温度低于5摄氏度时会明显降低，也就是充电电流会明显减小。动力电池管理系统会通过启动加热元件来尽快提高动力电池的内部温度。

对策

当今的电动汽车都有动力电池热管理系统。封装好的电池模组或电芯之间装有供冷却／加热液体流动的管路，这些液体能吸收热量让电池模组或电芯降温，或释放热量让电池模组或电芯升温。电化学反应和电池内阻都会产生热量，因此冷却是热管理的首要任务。只有在环境温度较低的情况下才可能需要加热。当然，夏季和冬季的充电时间仍然存在差异，但大多只是几分钟的范畴，因此实际使用中你几乎不会注意到这一点，更何况"快充门"和"低温门"只会出现在快充场景下。

保时捷 Taycan 的动力电池与驱动电机热管理系统

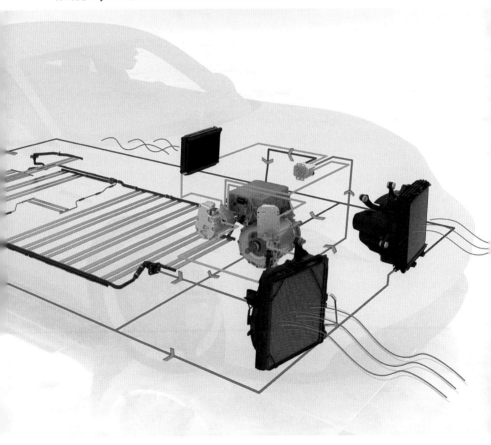

充放电倍率

合 适 的 才 是 最 好 的

16

如今，动力电池能快速充电是电动汽车的一个重要特性。车主们都希望在尽可能短的时间里尽可能多地为动力电池补能，因此，充放电倍率（简称 *C*-Rate，*C* 率）成为选购电动汽车的主要指标之一。

不同车型充电倍率比较

车型	动力电池能量 / 千瓦·时	充电功率 / 千瓦	充电倍率
现代 Ioniq	30	75	2.5
特斯拉 Model S	100	150	1.5
特斯拉 Model 3	75	250	3.3

充放电倍率是充电 / 放电电流与电池容量之比。为了实现快速补能，就需要尽可能大的充电电流，但充电电流并不能随意增大。动力电池以电化学方式储存能量，结构不同、制造商不同，允许的最大充电电流就会有差异。充电倍率、电池容量和续驶里程共同决定了充电速度，使不同电动汽车之间具有了可比性。

充 电 倍 率 与 使 用 场 景

充电倍率并不是设计所有电动汽车时的优先考虑因素，特别是对一些主要满足短途出行需求的车型而言，它们在绝大多数情况下不需要快速充电，甚至可能根本没有快充接口，因为这样可以节省制造成本。这意味着不能把所有电动汽车混为一谈，要根据它们的主要使用场景来匹配合适的充电倍率。一般来说，电动汽车制造商都希望在充电倍率、充电时间和续驶里程之间找到平衡。

放电倍率与能耗

　　放电倍率高的车不一定比放电倍率低的车跑得远，因为还要考虑能耗的影响。尤其是长途出行，能耗越低，说明对动力电池能量的利用率越高。

特斯拉 Model 3 在 Ionity 充电站充电时的充电功率

私人充电桩

法律赋予的权利

17

目前，许多电动汽车都通过家用充电桩充电。对大多数私家车主而言，爱车在一天中的大部分时间都处于停放状态，完全可以利用这段时间充电。有些企业甚至专门设立了员工充电桩，让驾车通勤的员工能在工作时间为自己的爱车充电。

家用充电桩

对电动汽车车主而言，相比公共充电桩，家用充电桩是更理想的选择：不存在排队等待的问题，而且充电过程和价格都更稳定，大多数情况下，充电费用也更低。此外，有条件的车主还可以利用家用光伏系统为爱车充电，既节省了电费，也有利于环保。不过，使用特斯拉 Powerwall 一类的储能设备储存光伏系统在白天转化的电能，实际上会产生一定的额外成本，目前看来并不划算。所幸随着这类技术的普及，使用成本会持续下降。

保障权利

在社区车库的固定停车位里设立家用充电桩，可能面临物业公司和业主委员会的阻力。为保障社区居民设立私人充电桩的权利，一些国家和地区已经起草了相关法规。这也有助于大范围普及标准化的充电基础设施，进而推动电动汽车的发展。如果条件不允许为所有独立停车位都配备充电桩，也可以在社区集中建设充电站。

用私人充电桩充电

负载管理

　　在社区停车位充电桩形成的"充电网络"中，电缆发挥着关键作用。如果电缆的数量不足或规格较低，可以选择根据负载自动降低充电功率，或按一定顺序向充电桩供电。

水和电

电动汽车要避开水吗？

18

　　"水不能遇到电"是老电工挂在嘴边的一句话，这谁都知道。那么，洗车店能洗电动汽车吗？下雨天能开电动汽车吗？答案是完全没问题！所有电动汽车都像传统燃油汽车一样有强大的密封和防水／排水措施，只要正常使用就不会有任何问题。

　　充电插头也有应对雨雪天气的设计，插入充电接口后不用担心漏电问题。无论插拔插头还是手持插头，都不会有触电危险。

自动洗车机

　　使用自动洗车机前，你最好认真看看爱车的用户手册或使用手册，制造商会给出一些操作建议和注意事项。电动汽车通常没有变速器，但仍然需要像传统燃油汽车一样"挂"上N档，而且不能开启驻车制动器。

充电插头的维护

　　如果你有家用充电桩，应该注意让它保持清洁，插头触点上不能有脏污和异物，以免影响插入充电接口，或导致充电异常。时常检查一下插头触点，用一块抹布就能解决脏污问题。

现代 Kona 的高压接线盒

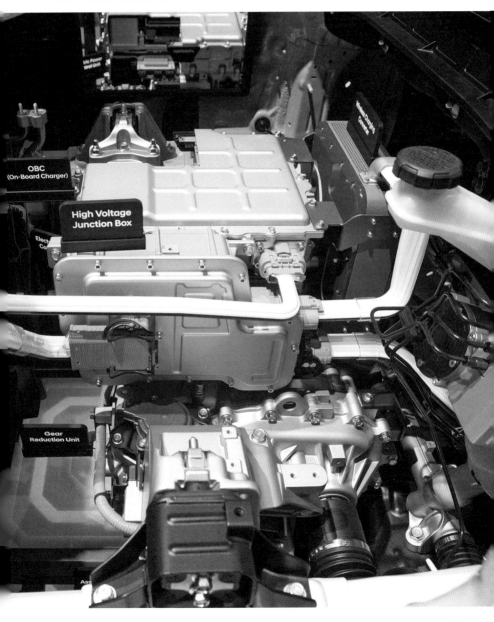

续驶里程

怎样跑得更远？

19

现在有些电动汽车的实际续驶里程已经超过了 700 公里。制造商在广告里宣传的续驶里程只是"理论值"，是在相对理想的条件下、按照一定的驾驶方式测得的，通常遵循 NEDC（新欧洲驾驶循环）或 WLTP（全球统一轻型车测试规程）规则。这让不同制造商的产品有了可比性，但与实际情况还是有差异。

下表中给出的数据比制造商宣传的数据更真实。但即使如此，也不能保证与你实际驾驶这些电动汽车时获得的数据完全吻合。在路线规划合理且驾驶习惯保守的前提下，你获得的续驶里程"实际值"会接近制造商的"理论值"。而如果驾驶习惯激进，"实际值"就可能与"理论值"差距很大。

相比燃油汽车，电动汽车的核心优势在于动力 / 传动效率。

1 升优质汽油蕴含的能量相当于 8.4 千瓦·时电能，一些低能耗电动汽车靠这些能量能行驶 60~70 公里。很多因素会影响电动汽车的能耗和续驶里程（详见第 29 个真相），你要想优化续驶里程，就需要重新审视自己的驾驶习惯（详见第 39 个真相）。此外，轮胎和轮辋的空气动力学性能也对能耗有一定影响，比如冬季轮胎的能耗就高于夏季轮胎（详见第 90 个真相）。使用一段时间后，你就会逐渐掌握一些节能方法。当然，如果你追求极致驾驶乐趣，那就忘掉能耗吧。

不同车型的平均续驶里程比较

车型	平均续驶里程 / 公里
特斯拉 Model S	500
特斯拉 Model 3	430
特斯拉 Model X	400
现代 Kona	380
捷豹 I-PACE	300
起亚 e-Soul	340
起亚 e-Niro	330
梅赛德斯 - 奔驰 EQC	300
雷诺 Zoe	300
日产 聆风	300

名爵（MG）ZS EV 是一款驾乘空间充足的纯电紧凑型 SUV

锂离子电池

更高的能量密度

20

约翰·B.古迪纳夫（John B.Goodenough）、M.斯坦利·威廷汉（M.Stanley Whittingham）和吉野彰三位科学家，由于对锂离子电池的发展做出了突出贡献而获得诺贝尔化学奖。20世纪70年代，威廷汉发明了锂离子电池。1980年，古迪纳夫对威廷汉的设计进行了重要改进。5年后，吉野彰再次优化了设计。1991年，锂离子电池实现了商业化生产，随即展现出巨大潜力。传统架构的汽车不需要大幅增重就能具有实用的纯电续驶里程，电动汽车的设计也不再需要对重量"斤斤计较"，一些对重量不太"友好"的豪华元素得以大量引入。成就这一切的正是锂离子电池的高能量密度特性。

质量和体积至关重要

锂离子电池的质量能量密度几乎是镍镉电池的两倍，可达250

装有动力电池包的电动汽车底盘

获取原材料的问题

生产一台家用汽车，大概要用到 1 万 ~ 4 万个零部件，因此要消耗大量原材料。在德国，大约有 1000 家企业生产各种车用零部件，这些零部件通过大约 200 家（经销）企业提供给整车制造商。生产汽车的原材料来自世界各地，因此很难保证所有原材料的开采过程都是合法合规的。

比如，刚果（金）出产的钴矿石满足了世界上的大部分需求，而他们出产的钴矿石中有 20% 来自小采矿企业，这些企业会雇佣童工来完成部分工作。此外，在开采区由原材料运输造成的环境污染也很严重。

我们能做些什么呢？就像第 46 个真相所说的，衡量一个产品是否环保，要考察它的整个生命周期。我们每个人都能为节能做些贡献，比如让更多的旧产品被回收利用。此外，我们有权要求制造商与供应商完善开采条件，并监督他们严格遵守环保法规。

瓦·时 / 千克。在相同的能量下，锂离子电池的体积只有铅酸电池的 1/3，它的体积能量密度可达 500 瓦·时 / 升。

对所有用电设备而言，电池的质量和体积都至关重要。比如电动汽车，电池的质量越大，加速时消耗的能量就越多。对电动汽车而言，电池的体积可能不如质量那么"敏感"，因为在车身上为电池安排一个"栖身之所"并不难，而电池质量如果很大，想要靠减少其他部件的质量来平衡整车质量就很困难。也有相反的例子，比如助听器，对它而言，电池的体积就要比质量"敏感"得多，因为能用来安置电池的空间实在不大。汽车的质量是很重要的参数，不仅是汽车制造商，道路工程师也很关注。如今的汽车，在平均质量上相比 20 世纪 80 年代的汽车要重 500 千克以上。但这并不能完全归咎于电池，不断增加的车身尺寸和纷繁复杂的新配置也加剧了这个问题。实际上，电动汽车只比传统燃油汽车略重一点，这对综合性能的影响并不大。

纯电房车

环保自驾游

21

　　日产公司在 2018 年推出了基于 e-NV200 纯电厢式客货车打造的纯电房车，收获了超过 5000 台订单，市场反响很好。纯电房车 Iridium E-Mobil 在 2019 年的 CMT 旅游交易会上首次亮相，标称续驶里程超过 200 公里，到 2020 年正式上市时，得益于电池技术的进步，它的续驶里程还能按需求进一步增加。不"烧油"的房车自驾游拥有广阔的市场前景，因为就房车出行的特点而言，完全可以利用在营地休整的时间充电。

　　拖挂房车也能"电动化"，比如房车制造商 Dethleffs 推出的第

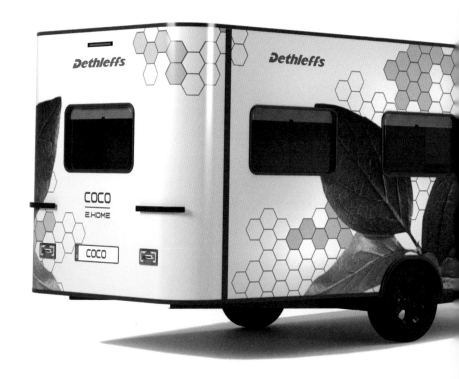

一款纯电拖挂房车 E.Home Coco，它搭载了 80 千瓦·时的动力电池和 40 千瓦的电驱动系统，目前还处于测试阶段。电动汽车拖挂着这样的房车会有不错的续驶里程表现，它的主要优势如下：

- 自带电驱动系统，电动汽车甚至能拖挂着它穿越阿尔卑斯山。
- 电驱动系统让它能在营地里灵活机动，不像无动力拖挂房车那样笨拙。
- 动力电池能给房车里的用电设备供电，并利用光伏系统尽可能实现电能的自给自足。
- 无论你带着它去哪里，都不会有噪声或排放污染的困扰，使用成本也会比"烧油"低。

纯电拖挂房车 E.Home Coco

充电站取代加油站

全面电动化的信号

22

挪威的汽车电动化率已经达到大约 50%，新销售的汽车中，电动汽车的注册率明显更高，达到了 60%。他们的加油站显然是这一变化的"直观感受者"。

充电站取代加油站

直流快充桩

为应对需求变化，加油站运营商 Circle K 正在把旗下位于挪威境内的加油站陆续改造为充电站。这是一个明确的信号，他们向前迈出了重要一步。Circle K 在充电站里提供了很多服务设施，包括设有桌椅的等候区、小酒馆和无线网络，帮助等待充电的人们打发时间。在其他国家，充电站通常建在加油站旁，或远离加油站的位置，而挪威的加油站正在被充电站取代。几年后，禁止燃油汽车登记的法案将给许多国家带来重大变化。加油站要想继续"生存"下去，就绕不开向充电站转型这个"坎"。德国连锁加油站运营商 ARAL 正在推进相似的改革，他们决定在旗下加油站里设立快充桩。

超级跑车

最快的电动汽车

近年来，多家高端跑车制造商都在打造令人印象深刻的电动超跑。燃油超跑已经是明日黄花，如今霸占加速榜前列的都是电动超跑。这些"电动猛兽"的零百加速时间，甚至比你读完这段话的时间更短。尽管很多电动超跑没有获得上路许可，只能在赛道上驰骋，但它们展现了电驱动技术的无限可能，我们离极限还远得很！

不同品牌纯电超跑性能比较

性能指标	车型				
	Rimac Concept One	蔚来 EP9	特斯拉 Model S P100DL	宾尼法利纳 Battista	Rimac Concept Two
最高车速 / （公里 / 时）	300	313	262	349	415
零百加速时间 / 秒	2.5	2.5	2.4	2	1.85
综合输出功率/ 千瓦	900	1000	592	1400	1408
综合输出转矩 / 牛·米	1600	1480	1373	2300	2300
全车重 / 千克	1900	1735	2250	1900	1950

克罗地亚跑车品牌 Rimac 推出的纯电超跑 Concept Two

畅快的加速体验

驱动电机的特性

24

驱动电机在启动瞬间就能输出较大转矩，并且能在宽泛的转速范围里保持较大的输出功率。大多数电动汽车没有变速器，只有一组耐用且免维护的减速齿轮，它发挥了"减速增矩"的作用，负责协调电机与车轮的转速。电动汽车通常没有燃油汽车必备的变速杆、离合器，只要让电机反转就能倒车。电机没有内燃机的"怠速"状态，能自如控制转速。这些特性极大简化了电动汽车的传动系统。

动力输出特性

驱动电机的响应速度非常快，你踩下加速踏板时，它几乎能同步释放动力。电动汽车通常会提供多种驾驶模式：在经济模式下，电机的输出功率会受到限制，以尽量降低能耗，增加续驶里程，至少在走走停停的城市出行中，你不必担心这种模式带来的"性能降低"会影响驾驶体验；在运动模式下，电机的输出功率会得到充分释放，带给你畅快淋漓的驾驶体验，但同时也会导致续驶里程大幅缩短，因此这种模式只适合短途高速路况或赛道。

习惯了驾驶电动汽车的人，隔一段时间再驾驶传统燃油汽车就会感觉不适应。因为驾驶传统燃油汽车时，从踩下加速踏板到动力完全释放，通常要等待一小会儿，即使这"一小会儿"非常短，也是能感知的。电动汽车就几乎不存在这种延迟，"随叫随到"的动力会让你欲罢不能。

大众 e-Golf 的永磁同步电机

回收

锂离子电池的再利用

25

芬兰能源供应商 Fortum 使用湿法冶金工艺，能回收废旧电池中 80% 以上的钴、锰、镍和锂，用于生产新电池。处理过程中，所有废旧电池首先都要经过安全处理，包括放电，以及分离塑料、铝和铜。

欧洲还有很多开展锂离子电池回收业务的企业，比如德国的 Duesenfeld 公司，他们距离布伦瑞克的大众汽车工厂只有 13 公里；比利时的 Umicore 公司隶属于一个技术联盟，联盟成员还包括宝马和 Northvolt，他们希望构建电动汽车动力电池的完整价值链。

第二春

电动汽车淘汰的动力电池，除了报废回收外，其实还可以用作充电站或光伏系统的储能装置。

最低回收率

尽管动力电池的原材料价格在上涨，但锂离子电池回收在经济层面仍然不划算，因为开采新的锂矿或钴矿成本会更低一些。不过，随着需求急剧增加，未来一定会发生变化。欧盟将提高电池的最低回收率，并要求制造商建立可持续的回收循环机制。中国在这方面发挥了典范作用，他们制定了有关动力电池回收的法规，强制电动汽车制造商回收废旧动力电池，包括混合动力汽车的动力电池。

家用小型用电设备的电池也在回收范围内

电动方程式和 Extreme E

电动汽车锦标赛

26

国际汽车联合会（FIA）举办的电动方程式锦标赛（Formula E，FE）是一项电动方程式赛车系列赛，诞生于 2014 年。FE 的分站赛称为 ePrix（电动大奖赛），蒙特卡洛、墨西哥城、伦敦、巴黎、北京和苏黎世等城市都曾承办 ePrix。FE 最初以街道为赛道，后来结合了永久赛道。第一赛季，所有车队统一使用 Spark-Renault SRT_01E 赛车。这款赛车由 Spark Racing Technology 公司与迈凯伦公司合作研发，电机最大输出功率 200 千瓦（272 马力），最高车速达到 225 公里 / 时。

攻击模式

2018/2019 赛季，FE 引入了一个新元素——攻击模式。这个模式能让赛车的动力提升 35 千瓦，可以在超车或防守时使用。然而，就像赛车游戏一样，车手必须先驾车驶入赛道上专门标记的激活区

（共有 3 个），然后按下方向盘上的按钮才能激活这个模式，而且每场比赛都会限制激活次数和持续时间。

更有趣的是，攻击模式的激活次数和持续时间直到比赛开始前不久才会公布，这意味着车队无法提前制订战术策略。这样做显然是为增加比赛的"不可预测性"，提高观赛乐趣。

Extreme E

Extreme E 是一项电动越野车系列赛，2021 年 4 月首次举办。比赛场地分布在世界上 5 个气候特征差异显著的国家 / 地区：格陵兰岛（极地）、沙特阿拉伯（沙漠）、巴西（热带雨林）、尼泊尔（山地）和塞内加尔（海岸）。

参赛人员、车辆和设备都由退役的皇家邮轮"圣赫勒拿"号（St.Helena）运输。这艘邮轮接受过现代化改造，采用绿色排放技术，能充当"海上围场"。Extreme E 致力于推动碳中和，每站比赛都会发起一些解决当地环境问题的倡议，比如海平面上升、森林过度砍伐、冰川融化、土地荒漠化和塑料污染。目前有 9 支车队参加了 Extreme E，包括 Abt Sportsline、Rosberg X Racing 和 Veloce Racing 等，车手俱乐部已经爆满，其中不乏赛车名宿。

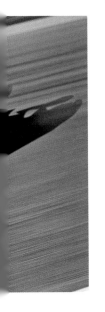

奥迪 e-tron FE06 赛车

中国

电动汽车革命

27

电动汽车正在中国快速发展。截至 2023 年，中国拥有超过 200 万个公共充电桩，全面覆盖高速公路和干线道路沿线，电动汽车保有量超过 1200 万台，在全球电动汽车领域居于领先地位。中国政府制定的发展战略，以及持续开展的充电基础设施建设，有效推动了电动汽车产业的发展。

每 5 周都会有大约 9500 台电动公交车加入到中国各大城市的公共交通系统中，这个数量相当于整个伦敦公共巴士车队。截至 2022 年，中国有超过 60 万台公交车，其中 70% 是新能源公交车。每千台新能源公交车每天能减少 500 桶石油需求，这是很可观的成果。

世界上最大的充电站

在中国，大城市里的出租车基本实现了电动化，为了满足这些出租车的充电需求，各地都在配建 150 千瓦直流快充桩。目前全球

位于深圳的比亚迪出租车充电站

吉利几何 A 的续驶里程可达 500 公里

最大的充电站位于深圳，拥有 630 个快充桩，而且可以同时运转。这类大型充电站已经在中国的 3 个城市建成了 30 座。电动出租车的运营成本是燃油出租车的 1/4，它们每行驶大约 10 小时要充电一次，充电时间最多 1 小时。

目前，中国没有像其他工业化国家一样出现发展停滞的迹象。一些在很多人看来不可能实现的技术和创想都在这个国家实现了。一个国家对未来的准备程度，体现在他们研发和运用新技术的能力上。

正在充电的比亚迪出租车

电网能容纳多少台电动汽车充电？

莫须有的黑暗时代

28

德国能源供应商 E.on 对"电网能容纳多少台电动汽车充电"进行了深入研究。他们为德国近 1200 万客户提供的能源中，有 40% 是来自风力发电系统、光伏（太阳能）系统和水力发电系统的可再生能源。研究表明，如果 30% 的汽车实现了电动化，当前的电网是完全可以承受的；如果要满足所有客户每天晚上为爱车充电的需求，就必须耗资约 25 亿欧元来扩建电网。

近年来，E.on 每年投资 10 亿欧元用于扩建电网，因为他们认为未来 5 到 10 年道路上的电动汽车一定会不断增加，达到 30% 的渗透率指日可待，而相关成本会持续降低。

挪威的特斯拉超级充电站

根据联邦能源与水力管理协会（BDEW）的说法，德国能源行业正在对电网进行升级，目前能满足 1300 万台电动汽车的充电需求，同时考虑了新开发区域的潜在需求。当下的供电冗余还能满足约 50 万台电动汽车的需求。如果同时增加可再生能源的比例，就没有什么能阻碍这一变化。一些新颖的储能概念和方式都在测试当中。

挪威的经验对我们探索扩大电网容量的方法有一定启示作用：奥斯陆机场的停车场配建了 727 个充电桩，相邻车位里的车辆可以同时充电，能满足 1400 台电动汽车的充电需求。

某个地区的所有电动汽车在某个时段同时充电是不太可能发生的情况，毕竟不同使用者的用车条件和习惯都存在差异，这会让电网的负荷总能处于均衡状态。因此，"为了给电动汽车充电，我们每天晚上都会在黑暗中度过"这种论调，纯粹是不切实际的悲观主义。

挪威的 Ionity 充电站

行驶阻力

影响能耗的因素

29

　　行驶阻力是车辆为正常行驶而克服的所有阻力之和。电动汽车的传动效率比传统燃油汽车高得多，因此滚动阻力和空气阻力对它的影响也更明显。

　　目前，驱动电机的效率已经超过了 95%。一些不起眼的改善因素就能有效降低电动汽车的能耗：封闭式前脸和平整化车底能减少空气湍流；流线形车身能减小空气阻力；轻量化车身能减少加速和爬坡时的能耗。

　　采用特殊的轮辋／轮辐造型能减少车轮附近的空气湍流。避免在车身造型中使用直线条能优化车身后部的气流，降低车尾处产生低压区的概率，进而缓解吸力效应。总之，那些具有优异空气动力学性能、较高功率重量比的电动汽车，在能耗水平上优势显著。

日本东海大学研制的"东海挑战者"太阳能电池车

电动汽车聚会

辛斯海姆汽车与科技博物馆的"电动汽车日"

　　辛斯海姆汽车与科技博物馆（Auto & Technik Museum Sinsheim）每年都会举办"电动汽车日"（e-Day）活动。来自欧洲各地的零噪声、零排放纯电动汽车，以及一些混合动力汽车，都会在5月19日相聚辛斯海姆。如果你想了解电动汽车的技术发展动态或第一手历史资料，参加这项活动就是最佳选择。活动中，你能看到"重见天日"的两轮、三轮或四轮古董电动汽车，还有许多可供体验和试驾的新款电动汽车。

　　如果你觉得这还不过瘾，去看看博物馆的综合展览吧，那里的展品一定会让你大饱眼福。

辛斯海姆汽车与科技博物馆的"电动汽车日"活动现场

电力机车

电气化的好处

100多年来，铁路运输一直在运输行业处于领先地位，而且90%以上的铁路运力是由电力机车提供的。即使是仍然需要"烧柴油"的柴电机车，也不是靠柴油机驱动的，而是利用柴油机发电，再靠电机驱动的。这与氢燃料电池汽车的驱动模式几乎一模一样。

更清洁、更高效

使用电能通常比使用燃料造成的污染要少，至少不会随处产生污染物。电能的"运输"也比其他能源的运输更高效。

发电厂的"产能"效率是内燃机的2~3倍。即使发电和输电过程都存在耗损，使用电能的效率也明显高于直接使用燃料。

电能的来源是多样化的，很多形式的一次能源都能转化为电能，比如太阳能（光伏）、风能和水能。这样一来，我们就能灵活应对环境和原材料的问题，不再依赖石油。

日产聆风

电动汽车环游世界

插电

大众 e-Golf 的 Type 2 和 CCS 充电接口

2016 年，荷兰人维贝·瓦克（Wiebe Wakker）驾驶一台纯电高尔夫（e-Golf），开启了自己从荷兰到澳大利亚的环球旅行，行程超过 9.5 万公里。瓦克希望通过自己的行动，让人们更加关注电动汽车在气候变化时期的重要性。他在整个行程中只为充电花费了 270 欧元。驾驶着续驶里程 200 公里的 e-Golf，他用大约三年时间穿越了 33 个国家。

实际上，早在 2012 年，西班牙人拉斐尔·德·梅斯特雷（Rafael de Mestre）就完成了驾驶量产电动汽车环游世界的创举。这位 49 岁的男人驾驶着特斯拉 Roadster，历时 120 天，从巴塞罗那出发，途经法国、德国、俄罗斯、哈萨克斯坦、中国和美国，最后回到西班牙。这次旅行的充电费用只有大约 300 欧元。

还有很多人在践行驾驶电动汽车环游世界的梦想。与百万富翁菲利斯·福格（Phileas Fogg）80 天环游地球的故事不同，驾驶电动汽车环游地球肯定不会因为充电费用掏空钱包。

可更换的动力电池

换电而不是充电

在电动汽车刚开始发展的那几年，就有人提出了建设换电站的想法：电动汽车行驶到换电站，停到升降平台上，机器人自动将耗尽电的动力电池更换为充满电的动力电池。

整个过程只耗时几分钟，比慢充和快充都要省时。随后，耗尽电的动力电池会在换电站的自动化仓库中充满电，等待装上下一台换电车。这些人认为，随着汽车电动化进程的推进，加油站都将转型为换电站。遗憾的是，这个想法至少目前还没有实现。除了物流和仓储问题外，技术和社会环境都存在一定的挑战性。

电动汽车与动力电池

电动汽车所需的能量全部取自动力电池，要平衡强劲动力与续

驶里程，就需要匹配大容量动力电池。

　　动力电池的基本组成部件是电芯。通常情况下，多个电芯联接在一起组成了电池模组，多个电池模组联接在一起，再配上电池管理系统和冷却系统等必要附件，就组成了完整的动力电池（称为动力电池包）。当下的动力电池一般采用 400 伏或 800 伏充电电压。各个电芯或电池模组之间的联接方式包括串联、并联和混联，具体采用哪种方式，取决于对电容量和充放电电流的需求。电动汽车不仅在充放电时会产生大电流，在动能回收时也会产生大电流，而电流的大小与动能回收的效率密切相关。总之，一款电动汽车与它的动力电池之间是高度匹配关系，不能随意换用其他动力电池。

设计与技术差异

　　不同型号、不同制造商的电动汽车，可能采用不同的动力电池安装位置：有些动力电池安装在前轴与后轴之间，而有些动力电池

保时捷 Taycan 的内饰

丰田普锐斯的镍氢电池

安装在后轴上部，甚至需要拆下后轴才能更换。此外，制造商会为动力电池匹配电池管理系统，不同制造商的系统一般不能通用，在动力电池与车身的连接方式上也如是。即使就某一款车而言，设计和技术细节也会随着年款更迭而变化，导致动力电池无法在新老款间通用。总之，大范围推广换电服务的前提是统一不同制造商、不同车型的动力电池规格以及安装和连接标准，这显然是非常困难的。

车主的接受度

动力电池之于电动汽车，就像内燃机之于燃油汽车。试想，如果你驾驶自己的燃油汽车长途旅行，会接受在旅途中不断更换发动机的服务吗？虽然这样类比并不严谨，但很多电动汽车车主可能确实对换电服务存在相似的顾虑：你不知道刚换上的动力电池服役了多久，不知道它进行了多少次充放电，不知道它是否经过良好维护以及是否可靠。不过，随着动力电池技术的发展，上述讨论可能都会变得无关紧要。

电动汽车里的 "巨无霸"

无需充电

迄今为止最大、最重、动力最强劲的电动汽车是一台名为eDumper 的电动矿山自卸车。它满载时重 110 吨，在瑞士比尔的采石场工作，能将 65 吨重的石灰岩和泥灰岩运下山。在下山过程中，它的动能回收系统能回收很多能量并为动力电池充电，足以让它再次爬上山。

卓越的性能参数

eDumper 搭载了自重超过 4 吨、能量达到 600 千瓦·时的动力电池，以及最大输出功率 980 千瓦、最大转矩 9500 牛·米的驱动电机。在最大转矩这项参数上，eDumper 是同等体量柴油矿山自卸车的三倍多。

eDumper 的动力电池包是专门定制的，在设计时考虑了特殊的使用场景和用途（非铺装路况和频繁上下坡）：电池壳体异常坚固，能适应剧烈振动和冲击，防止电芯受损后发生热失控链式反应（自燃）。

凭借动能回收系统，eDumper 每次下坡能产生约 200 千瓦·时能量，按每天下坡 20 次计算，一年就能产生约 77 兆瓦·时能量。多余的能量会输入电网。与柴油矿山自卸车相比，eDumper 每年能减少 130 吨的二氧化碳排放，有效减少了对环境的影响。

不需要充电的电动矿山自卸车eDumper

安静的汽车

健康的生活

在一项针对电动出租车的研究中，研究人员发现了一个有趣的结论：血液测试表明，70% 的受测司机的压力水平比燃油出租车司机低。进一步研究发现，司机的压力水平与车内噪声水平存在一定联系。这似乎解释了一个众所周知的日常现象：谁没遇到过几位"暴脾气"的出租车司机？

远离喧嚣

这并不是噪声污染与人类之间的唯一联系。在 30 岁以上的驾

驶者中，74%的人在有噪声污染的环境中驾车后需要很长时间才能恢复正常状态。这不足为奇，毕竟（日常生活中）噪声一直相伴我们左右，我们的听觉系统无法关闭，我们的大脑会处理听觉系统接收的每一个声音，而且声音越嘈杂、越大，越可能让人感到不安。例如，居住在繁忙道路旁的人们会深受噪声影响。城乡居民在这方面的境遇存在显著差异（乡村地区的噪声水平通常要比城市地区低得多）。噪声不仅会让人们感受到压力，还会导致睡眠障碍、循环系统疾病，引发焦虑和抑郁等心理问题。

亲身体验一下电动汽车吧。相比传统燃油汽车，电动汽车更低的噪声水平会让驾乘体验更轻松惬意，尤其对长途出行而言。

优比速（UPS）的纯电动物流车

早已注定的结局

禁售燃油汽车

36

不是每个国家都能像挪威那样推广电动汽车，但确实有很多国家都在通过立法、行政命令等形式开启结构性变革，拥抱"电动化"。2023 年，挪威的电动汽车（包括纯电动汽车和插电式混合动力汽车）市场占有率超过了 80%，全国保有的汽车中有一半以上是电动汽车。汽车领域的"电动化"浪潮从未间断，目前已经有 20 多个国家制定了相关措施，重点就是给燃油汽车的登记注册划定"最后期限"，全球范围内的第一个燃油汽车禁售令将于 2025 年生效。

不同国家预计禁售燃油汽车的时间

2025 年	2030 年	2040 年	2050 年
挪威	丹麦	英国	加拿大
	瑞典	法国	德国
	冰岛	美国	
	荷兰		
	奥地利		
	瑞士		
	爱尔兰		
	印度		

在中国这个全球最大的汽车市场，汽车制造商的新能源汽车积分比例要求已经达到 18%（2023 年）。到 2025 年，中国市场的新能源汽车销售占比将超过 35%。日本希望最晚在 2050 年完全停产燃油汽车，而澳大利亚民众支持从 2025 年开始禁止使用内燃机。

内燃机可能没有未来

欧宝 Corsa-e

最迟到 2050 年，汽车制造商在德国境内将只能销售零排放汽车。2015 年年底的巴黎气候峰会期间，德国加入了国际零排放联盟（ZEV）并作出相关承诺，但耐人寻味的是，德国政府相关部门并没有就此发布新闻稿。

法律昭示未来

据估算，2025 年到 2030 年，燃油汽车禁售国的汽车注册量，加上中国的新能源汽车注册量，将占全球汽车注册量的 40%。在这个背景下，一些汽车制造商已经计划在未来十年内停产内燃机。

针对发展电动汽车，德国政府更希望采取激励措施，而不是禁止措施，这让未来的发展方向看起来仍然具有可选择性。然而，这个推论其实很有欺骗性。如果你看看欧盟已经表决通过的法律，以及那些正处于意见征询或审议阶段的法案，会发现"汽车电动化"这个大势是无法逆转的。如果放弃那 40% 的市场份额（指前文所说的 2025—2030 年电动汽车注册量），德国的汽车工业将难以为继。

电动汽车的潜在福祉

服务残障人士

37

　　行动能力对残障人士而言尤为重要。通常情况下，传统燃油汽车要大费周章地改装一番，才能满足残障人士通勤、参加休闲活动和维持社交联系的需求。而电动汽车则有所不同：它本身就具备很多便于残障人士使用的功能。不久的将来，在自动驾驶、语音控制等技术完全成熟的时候，残障人士的用车体验会进一步提升。

　　为电动汽车配备遥控器，实现远程自动打开和关闭车门及行李舱盖功能，以及普及家用壁挂式充电桩，对残障人士而言都会是极大的便利。

奥迪 e-tron 是一款驾乘空间较大的纯电中大型 SUV

38

高效传动带来低能耗

几乎没有阻力

现代 Ioniq 具有优异的空气动力学性能

　　电动汽车能在几乎没有内部阻力的状态下行驶。由于驱动电机与驱动轮之间不存在复杂的机械连接，既不需要变速器也不需要离合器[1]，几乎不存在传动损失，相同的行驶里程下，电动汽车的能耗比传统燃油汽车低得多。关闭动能回收功能，试着让电动汽车更多保持滑行状态，你也许能收获更低的能耗。

　　如果道路条件和交通状况允许，再加上有预见性的驾驶方式，电动汽车的用车成本会给你带来惊喜。

　　1　对纯电动汽车而言通常如此，而多数混合动力汽车仍然会配备变速器和离合器。——译者注

超长续驶里程

用更少能耗跑得更远

39

如今，电动汽车制造商们已经"沉迷于"不断刷新最大续驶里程纪录。一家互联网电动汽车论坛开设了一个记录不同电动汽车最大续驶里程的栏目，名为"超级里程测试"（Hypermiling-Test），从中你能看到由真实用户拍摄的记录电动汽车最大续驶里程的 YouTube 视频，涉及几乎所有市售电动汽车。

这有什么用吗？你至少能了解一款电动汽车的真实续驶里程。例如，现代 Kona Electric（一款纯电小型 SUV）的官方标称最大续驶里程是 450 公里，而在"超级里程测试"中，它的最大续驶里程达到了 820 公里。这说明电动汽车的能耗取决于多重因素。

匀速缓行

在车流中不断加减速会浪费很多能量。如果你总想着超车，又不得不随着车流频繁地"猛烈"制动，就会领教到高能耗带来的痛苦。最好能"温柔"地加速，并通过滑行与前车保持安全距离。如果你能尽量保持匀速行驶，避免"风琴脚"，也相当于为缓解交通拥堵做出了一份贡献。

高速行驶

空气阻力与速度的平方成正比，也就是说，汽车的行驶速度越高，所受的空气阻力越大，而空气阻力越大就意味着能耗越高。你要想让速度提高一倍，就要多消耗大约三倍的能量。

轮胎气压

轮胎气压过低会增加轮胎所受的滚动阻力，从而增加汽车的能耗。不过，也不要为此就"偏激"地保持很高的轮胎气压，因为轮胎气压过高会导致轮胎的摩擦力和附着力降低，进而对汽车的制动、转向和湿滑路面行驶性能产生负面影响。总之，最好让轮胎气压保持在制造商的推荐范围内。

重量

你装上车的每一克重量都要消耗能量。因此，最好把不经常用的东西拿下车。你车里总装着两箱饮料？还不赶快拿下去！

额外的能耗

空调（制冷）、供暖和通风系统会消耗很多能量。如果你想尽可能让续驶里程"慢些"减少，就应该关闭所有"非必需"设备和功能。

驾驶风格

驾驶者的驾驶技术和风格也至关重要。有预见性的驾驶方式能最大限度降低能耗。缓加速、缓制动、多滑行，不要在高峰时段频繁超车和变道，这不会浪费你的时间，反而能帮你节省能量，降低用车成本。同时，你也不会成为其他道路使用者眼中的"障碍"，交通状况会因为我们每个人的"小努力"而变得更好。一个积极的副作用是：平和的驾驶方式有助于减轻压力，令人愉悦。就像第35个真相所说的低噪声水平那样，平和的驾驶方式也会让长途出行更惬意。

中控屏上显示的续驶里程和预计充电时间

12 伏铅酸电池

一定不合时宜吗？

40

尽管锂离子动力电池能为电动汽车提供行驶所需的全部能量，而且能同时满足车上所有用电设备的能量需求，但很多电动汽车仍然保留了传统的 12 伏铅酸电池。这乍看似乎很荒谬，但其实是必要且务实的选择。

车载用电设备

就电动汽车而言，在你没有按下起动键，或没有执行"上电"操作时，动力电池是不会供电的，而此时有些用电设备，比如前照灯 / 内饰灯、液晶仪表板、车门锁电机，都是需要用电的，这时就要由 12 伏铅酸电池来供电。传统燃油汽车其实也有类似的情况，只要你不按下起动键，发动机就不会起动运转，所有用电设备都要靠 12 伏铅酸电池（也有 24 伏或 48 伏）供电。

安全

出于安全考虑，也需要 12 伏铅酸电池。在车辆发生严重碰撞事故，安全气囊弹出 / 安全带张紧时，动力电池会自动断电，驱动系统也会被禁用。这是因为动力电池的工作电压非常高（足以致命），如果不断电，车上的驾乘人员，以及前来施救的救援人员就会面临触电危险。然而，事故发生后，车辆的某些设备 / 功能是必须保持正常工作状态的，例如危险报警闪光灯（双闪）、车门锁电机和紧急呼救装置，这时就要用到 12 伏铅酸电池。发生严重碰撞事故后的

电动汽车通常无法继续行驶，必须对动力电池进行检查并解除"断电保护状态"才能恢复对驱动系统的供电。

更小且无铅

电动汽车的 12 伏铅酸电池的容量通常比传统燃油汽车的 12 伏铅酸电池小，因为它不需要驱动起动机。出于减重和环保考虑，有些电动汽车制造商（例如比亚迪）已经用低电压磷酸铁锂电池取代了 12 伏铅酸电池。

现代 Kona 前机舱里的 12 伏铅酸电池（画面右侧）

电池的老化

直流快充会伤害电池吗？

41

电池的容量会随着使用时间的增加而减少，这通常称为电量衰减或电池老化。除此之外，主流观点认为直流充电会对电池产生一定的负面影响。然而，对两台完全相同的日产聆风（Leaf）电动汽车进行的测试表明，只使用直流快充桩充电的一台，与只使用家用交流慢充桩充电的一台相比，经过一年的使用后在动力电池容量上并没有显著差异。即使模拟 10 年的使用强度，只使用直流快充桩充电的一台的动力电池容量也只会损失 3%～5%。

影响电池老化进程的因素

极高或极低的环境温度、电池热管理系统、充电周期等，都会影响电池的老化进程。特斯拉专门开展了一项针对动力电池快速充电次数对电量衰减影响的长期研究，结果表明，在正常使用情况

下，动力电池没有因为快速充电而出现任何过度老化的迹象。试验进行 7 年后，受试的约 600 台电动汽车的动力电池仍然拥有平均93% 的容量保持率。

相比之下，传统燃油汽车的内燃机在相同使用时间里（或使用强度下）产生的磨损要更加显著，即使在驾驶方式和日常维护上"极尽精心"也不能避免这一进程。更重要的是，电动汽车的动力电池容量衰减影响的只是续驶里程，不会影响动力性能，而传统燃油汽车的内燃机磨损会直接影响动力性能。

最佳使用情况

实际上，你只需要注意三件事就能让动力电池保持良好状态：
- 不要让动力电池总是处于满电状态（100% 电量）。
- 在动力电池电量几乎耗尽的情况下，（在保证安全的前提下）适当降低车速，不要急加速。
- 相比直流快充，交流慢充确实更有利于让动力电池保持良好状态。但没必要偏执地只使用交流慢充，在偶尔的长途旅行中或紧急情况下使用直流快充对动力电池没有任何负面影响，实际上，这正是电池制造商为动力电池预设的"正常工作状态"。

每隔几个月，最好对动力电池进行一次深度充放电：先放电到电量低于 10%，再充电到电量高于 90%，充电时用直流快充或交流慢充都可以。对大多数电动汽车而言，这样操作会让电池管理系统进行一次"数据校准"，校准后的续驶里程 / 剩余里程显示会更准确。

特斯拉 Model S 液晶仪表显示的信息

车顶上的太阳能电池

来自北欧的空气过滤器

42

慕尼黑的初创公司 Sono Motors 致力于通过节能设计推动电动汽车发展。他们设计的电动汽车在车顶、车门和前机舱盖上装有约 7.5 平方米的光伏（太阳能）电池。这些电池能在阳光明媚的日子里为动力电池充电，让车辆的续驶里程增加至少 30 公里。他们计划在瑞典的原萨博汽车工厂里量产这款创新且价格实惠的电动汽车。不过，这款电动汽车在性能和功能配置上并没有什么值得我们期待的亮点：可以对外放电，可以为室内用电设备供电，配有拖车挂钩和整合式充电系统（CCS），一次充电能行驶超过 500 公里，最高时速 140 公里。2017 年，Sono Motors 公司发布了第一款原型车——名为 Sion 的纯电动 MPV，同时接受了约 1 万名客户的付费预订。

创新与巧思

Sono Motors 公司在 Sion 的开发中融入了许多创新思维，比如在仪表台上装有采用"驯鹿地衣"（学名鹿蕊，一种浅色灌木状石蕊科地衣，据说有吸收污染物的作用）的空气过滤器，用来保持车内空气清新并减少微尘。

Sion 的造型看起来像一个方盒子，这一方面是使驾乘空间尽可能宽敞，另一方面是使光伏电池尽可能朝向太阳。2016 年，Sono Motors 凭借创新设计荣获德国移动与数字行业奖。

Sion 的仪表台上装有采用"驯鹿地衣"的空气过滤器

Sion 的大部分零部件都来自与宝马汽车相同的供应商，它的控制单元几乎与宝马 i3 的一模一样，外后视镜来自福特汽车的供应商。由于动力电池成本上涨，量产版 Sion 的售价会高于预售价。

融资不明朗

截至目前，Sion 仍然没能量产。不过，考虑到一些有趣的设计，它依然值得我们关注。

稀土

贸易战

稀土是镧系元素（15 种）以及钪、钇共 17 种金属元素的统称，它们其实并不像名字暗示的那么"稀有"，至少比黄金更常见。工业生产对它们的需求量很大，这无疑推高了它们的价值。汽车上的三元催化转化器、火花塞、窗玻璃、电机以及蓄电池，都要用到稀土元素。除此之外，许多工业产品，例如太阳镜、体育场的泛光灯、光纤电缆、航空发动机，还有电子产品中的半导体、高强度合金中的稳定剂和医疗造影剂，也要用到稀土元素。当代工业品中几乎没有哪个部分不需要稀土元素。

稀土问题之所以甚嚣尘上，是因为全球大部分稀土都来自中国（中国的稀土产能一度占到全球稀土产能的 96%），而且中国政府对出口稀土制定了一些限制措施。在中国与美国陷入贸易战后，很多行业的稀土供应都受到了影响。其他国家和地区当然也有稀土矿，

当代工业品不可或缺的稀土元素

从澳大利亚锂矿开采出的锂辉石

但由于在开采成本上远高于中国，缺乏竞争力，而大多处于停产状态。目前，中国掌握着大多数有关提取稀土元素的技术专利。

对稀土和原材料的依赖

稀土产业的现状给很多行业带来了巨大影响。很多国家都成立了专门的智囊或决策机构来应对稀土供应不足的问题。有些国家和地区在尝试建立新的稀土供应链时发现，中国以外可选的供应商寥寥无几。在这种情况下，供应商拥有更高的话语权，能决定价格或限制交货量。这些问题对那些专注于电动汽车的"造车新势力"而言影响尤为严重，因为制造动力电池和驱动电机都要用到稀土元素，而包括稀土元素在内的原材料需要提前几年储备，并且产量是固定的。要提高动力电池的产能，就必须承受稀土供应受限带来的高昂成本，一些电动汽车产品迟迟无法上市就是源于这个窘境。

氢能汽车也是电动汽车

车载"发电站"

44

氢能汽车像常见的电动汽车一样，也是用动力电池存储电能，再由电机驱动，它的独特之处在于不用外接电源（比如充电桩）为动力电池充电，而是用自带的氢燃料电池"生产"电能并为动力电池充电。氢燃料电池以氢气作为"燃料"，通过氢气与氧气的电化学反应"生产"电能。然而，在当前的技术条件下，人工制备氢气的工艺过程会消耗很多能量，制备1升氢气消耗的能量，足以让一台电动汽车行驶约70公里。对于电动汽车，一次能源[1]的能量在经过一系列转化和传输后，有3/4会进入动力电池中，能量损失只有1/4；而对于氢能汽车，一次能源的能量只有1/5～1/4会进入储氢罐中，能量损失很高。简言之，制备氢气、压缩/存储氢气，以及在燃料电池中"燃烧"氢气时，都会损失能量。

并不容易

"你可以在熟悉的加油站里轻松加氢，这是氢能汽车的优势。"至少在当下，千万别相信这种说法。一方面，氢极易挥发，一个微不足道的孔隙就可能让它们泄漏一空，因此储存和输送氢对密闭性要求极高；另一方面，一般金属材料长时间与氢接触后会产生"氢脆"现象[2]，最终导致脆断，因此存储氢的容器和输送氢的管路都必须采用特殊合金。总之，加氢所需的设施设备和相应的运行维护要求都与加油大相径庭，目前的大多数加油站并不适合兼作加氢站。此外，如果全部用卡车为加氢站运送氢（无论液态还是气态），在道路上运行的卡车数量将是现在的3～4倍，这对环保而言显然会构成很大挑战。最后，为氢能汽车加氢的过程也不像为燃油汽车加油那样简单。

1　指天然能源，比如煤炭和石油。——译者注
2　力学性能会严重恶化。——译者注

在德国，有关氢能汽车的研究已经持续了二十多年，有成百上千台原型车和测试车"献身"于这项事业。然而，目前所有氢能汽车的长期测试项目，例如汉堡的氢能公交车，都已经中止。据汉堡公共交通运营商 Hochbahn AG 的发言人称，自 2010 年开始的、为期 9 年的（氢能公交车）运行测试项目表明，（氢能）技术尚未达到投入批量生产的状态。这家公司在改用纯电动公交车后，日常运营中出现的（车辆故障）问题明显减少。这位发言人表示："放弃一个不太理想的解决方案是一个情理之中的决定。"

氢能汽车必然有它存在的意义，事实也证明，在一些应用场景下，它可能是更合适的选择。然而，当前的车用燃料电池的使用寿命只有约 5000 小时，这导致氢能汽车的使用寿命至多是 5 ～ 7 年。大多数普通汽车消费者可能都无法接受这个事实。

加氢设备

电动汽车的维护

成本优势

45

在同级同类的前提下，电动汽车的维护成本（少数高端车型除外）大约是传统燃油汽车的 1/4 ~ 1/3。此外，电动汽车的车主还能省下很多税费。更重要的是，电动汽车的行驶成本比传统燃油汽车低得多[1]。

相比传统燃油汽车，电动汽车在维护方面有很多优势，它不需要机油、机油滤清器和三元催化转化器，也不需要排气装置、正时机构、火花塞和燃油滤清器，总之，各类耗材和易损件都要少得多。在相近的使用状况下，电动汽车由于大多具有动能回收系统，制动器（制动盘和制动摩擦片）的损耗也比传统燃油汽车低得多。这些特点让电动汽车相比传统燃油汽车更不容易出现故障，从而减少了维修工作量和成本。此外，售后服务机构（4S 店和维修店）在维护电动汽车时需要处理的废物和污染物相比维护传统燃油汽车

1　建立在电费低于油费的前提下。——译者注

时更少，因此转嫁给电动汽车车主的成本也更低。

维护成本低

大众汽车公司宣称纯电紧凑型两厢车 ID.3 的维护成本比同级传统燃油汽车低 70%。有些电动汽车制造商甚至不再对产品的维护周期（一定行驶里程 / 时间要去认证售后服务机构进行一次维护）做出明确规定，车主只在车辆出现问题时才会前往售后服务机构。考虑到上述情况，电动汽车似乎具有巨大的"省钱"潜力。如果你每年的用车里程在 3 万公里左右，在从中型传统燃油汽车换成同级电动汽车后，每月的用车成本能减少大约 200 欧元（约合 1550 元人民币）。

负面影响

然而，低成本优势也会产生负面影响：用车的开支减少了，你会不会更多选择驾车出行？如果答案是肯定的，更高的用车频次反而可能推高总的用车成本，造成更多的资源浪费。

现代 Ioniq 的车友聚会

从摇篮到坟墓

电动汽车与传统燃油汽车谁环保？

46

我们可以通过全生命周期分析来比较不同车辆的环境友好程度，它们在整个"生命历程"中对环境的所有影响都会考虑在内，这让消费者也能评估电动汽车在生产过程中的可持续性或资源集约性，甚至考虑整个产业链——从原材料的提取，到其加工和使用，再到其报废和回收处理。无论车辆的动力源是什么，都采用同一套规则来评估。一个科学家团队（指忧思科学家联盟）开展了一项为期两年的研究，全方位比较了传统燃油汽车和电动汽车对环境的友好程度。

原料提取

这里考虑的是整车生产，电动汽车的动力源于动力电池（主要是锂离子电池）和驱动电机，而传统燃油汽车的动力源于内燃机（和燃油）。相比生产内燃机，生产锂离子电池的能量消耗更大，因此评价结果是生产一台电动汽车的能源需求比生产一台传统燃油汽车高出 15%。假设生产动力电池的过程没有实现碳中和（其实目前大多数电池制造商都是这种情况），那么电动汽车的环保性就不及传统燃油汽车。这种假设基于德国现实的电力供应结构（以煤炭-火力发电为主）。遗憾的是，由于欧洲当前没有一家工厂能批量生产车用动力电池，上述研究必然存在假定条件和统计数据上的瑕疵。

燃油和电力的生产过程是完全不同的。石油通过管道和油轮运达世界各地，大多在目的地的炼油厂被提炼加工成燃油（包括汽油和柴油）。随后，燃油通过油罐车运输到加油站供车辆使用。石油的开采、提炼和运输过程都会产生碳排放。传统燃油汽车的内燃机只要运转起来就必然会产生二氧化碳，这是它（在环境友好方面）的明显缺点。

为了进一步对比计算，必须考虑电力的来源。按照德国目前的能源结构，生产 1 千瓦·时的电能要排放约 470 克二氧化碳，对石油而言，等效于生产 1 千瓦·时的电能要排放约 890 克二氧化碳。此外，柴油汽车还要用到尿素，这种水性混合物是通过氨与二氧化碳的化学反应合成的。简言之，在德国，靠国家电网补能的电动汽车，碳排放量只有传统燃油汽车的约 1/2，甚至更少。

　　一个经常被忽视的问题是，传统燃油汽车还必须定期更换机油和变速器油（这些油品的生产、运输、使用和报废同样会产生碳排放），而电动汽车完全可以只使用通过可再生能源生产的电能，这样它在运行过程中就不会产生二氧化碳。得益于德国的电力供应结构正逐渐向可再生能源倾斜，而且充电站运营商也一直致力于使用"绿色电能"，电动汽车未来一定会比传统燃油汽车环保。

　　正如第 5 个真相所说的，拜动能回收系统所赐，电动汽车产生的制动粉尘也要比传统燃油汽车少得多。

一台保时捷 Taycan 正在 Ionity 充电站充电

后处理

　　电动汽车和传统燃油汽车的后处理工作量大体相同。车身金属材料、内外饰非金属材料和动力电池等，经过一定处理后，都可以回收再利用。对于具有一定危害性的废品，比如内燃机中的废油液和动力电池的一些部件，处理过程对环境的污染程度大致相同（因此在这方面电动汽车和传统燃油汽车打了个平手）。

　　新近的研究表明，根据动力电池容量的不同，电动汽车在行驶 1 万 ～ 3 万公里后，对环境的整体影响就会明显低于传统燃油汽车。随着生产工艺的改进和废品回收利用率的提高，未来，电动汽车的"环保优势"还会进一步扩大。

从镍镉电池到锂离子电池

守护健康

在很长一段时间里，镍镉电池都占据可充电电池市场的统治地位，应用在几乎所有小型用电设备中，尽管它所谓的"记忆效应"自 20 世纪 60 年代以来就广为人知：在多次没有完全放电的情况下又充满电后，镍镉电池的可用容量就会降低（比如，你多次在它的电量有 50% 时就充电到 100%，那么持续一段时间后，它的可用容量就会降低到原始容量的 50%）。虽然我们能采用特殊的充电技术恢复镍镉电池的原始容量，但这个过程会对它的电芯产生负面影响。实际上，最后终结镍镉电池统治地位的并不是让人无奈的"记忆效应"，而是重金属镉的危害性，它进入人体后就会逐渐积累（难以排出），导致肺部疾病和肾衰竭。2004—2016 年，欧盟逐步禁止了镍镉电池的生产和使用，这当然不会对我们的生活造成什么影响，因为锂离子电池完全可以替代它。

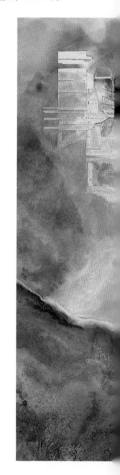

改善性能

经过慕尼黑工业大学和牛津大学历时数十年的研究，第一块实用化锂离子电池于 1991 年面世。锂离子电池不仅没有镍镉电池的"记忆效应"，还具有大约三倍于其他可充电电池的循环寿命。如今，锂离子电池已经发展出很多种类，它们有不同的用于存储锂离子的正负极材料和不同的电化学反应过程。相比诞生之初，锂离子电池的制造成本下降了约 80%，这对汽车向电动化转型产生了决定性影响。

生产锂离子电池的基础原料是从碳酸锂（Li_2CO_3）中提取的锂。可充电电池产业消耗了全球工业用锂产能的 37%，紧随其后的"用锂大户"是玻璃产业和陶瓷产业。

锂的起源

在智利、玻利维亚和阿根廷交界地区干涸湖泊的湖底地层中，蕴藏着一种含有锂元素的盐水，它们是来自周围山脉的地下水。开采锂盐的过程：先用水泵把盐水抽到地表，然后在称为"蒸发盆地"的大型浅盆地中通过日晒使水分蒸发，目标是使锂含量达到 6% 左右，接着是生产"中间产物"，通常是碳酸锂、氢氧化锂（LiOH）或氯化锂（LiCl），最后，不同产业会对这些"中间产物"做进一步加工，得到工业生产所需的锂。

玻利维亚的盐湖锂矿

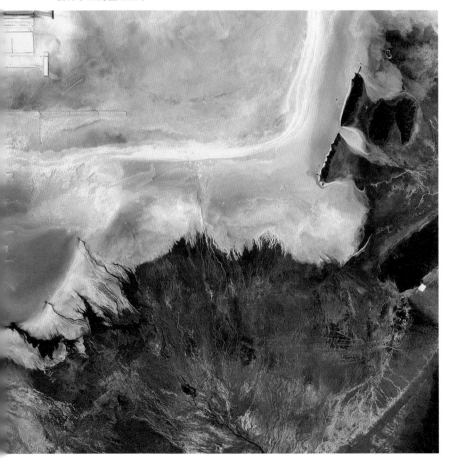

短途行驶

对比见真章

48

多数人驾驶汽车主要是为了满足短途出行需求。德国的多数私家车一年有超过 80% 的日子行驶里程不足 40 公里。除了工作通勤外，大多数车主驾车不是去学校（接送孩子）、超市、餐厅这些相对固定的地点，就是为满足自己的业余爱好而出行，行驶里程通常较短。对传统燃油汽车而言，这类"短途行驶"是有害的。

内燃机

即使是在夏季，不到 10 公里的"短途行驶"也不足以让内燃机达到正常工作温度，这对内燃机显然是有害的：一方面会导致燃油燃烧不充分，进而降低工作效率，另一方面会导致机油黏度较大，流动性较差，进而加速零部件的磨损。此外，你的钱包也会受到明显影响：冷机状态下运行时，汽油机的"控制系统"会默认提供"过浓混合气"，导致油耗飙升，让你为加油付出更高成本。对于柴油机，长时间冷机运行还会导致颗粒捕集器（DPF）中的碳颗粒过度聚集，这些碳颗粒只能通过使用添加剂或提高排气温度来分解。频繁的"短途行驶"会让燃油总是处于不完全燃烧的状态，这会大幅增加车辆出现故障的概率。

三元催化转化器

汽油机在冷起动后的一段时间里，三元催化转化器是不工作的。美国加州大学的研究发现，内燃机（包括汽油机和柴油机）在冷起动后半分钟内产生的有害物质，比在正常工作温度下行驶 500 公里还要多。瑞士联邦材料测试研究所调查了汽油机在冷起动时的一氧化碳和碳氢化合物（CH）排放量，两项指标都是正常工作温度下的 1 万倍。可见，除了推高使用和维护成本外，"短途行驶"对环境也有极大危害。

电动汽车的冷起动

对电动汽车而言，冷起动时的状况就完全不同了。虽然在外界温度较低的情况下，电动汽车也会消耗更多能量，但其中很大一部分都源于空调制热。只有温度极低（比如低于零下 10 摄氏度）时，电池热管理系统才会对动力电池进行加热，使它尽快达到正常工作温度。除了在一些极寒地区，层层包裹下的动力电池其实很少需要这种额外"关照"。

那些把"不耐低温"视为电动汽车"致命缺陷"的人，有必要关注一下传统燃油汽车在同等温度条件下的表现，尤其是严重超标的污染物排放。

"邪恶"之源（指汽车尾气）

替代方案

除了电动汽车外，混合动力汽车也是适合短途出行的选择，有些具有较长"纯电续驶里程"的混合动力汽车，完全能做到"短途零排放"。

93

老化与衰减

动力电池能持续使用多长时间？

49

"电池的使用寿命不长，更换电池要花很多钱。"这种观点源自那些早期电池，但至今仍然有很多人对此深信不疑。尽管如今很多笔记本电脑或智能手机的电池电量还是"不耐用"，但那大多源于缺少电池管理系统（BMS）或电池管理系统相对"简单"，而不是电池自身的性能或质量问题。

电池管理系统

当今的车用动力电池都配有管理系统，它能实时监控电池的充放电电流和温度，使动力电池在一年四季和大多数使用条件下都能保持良好状态，进而达成更长的使用寿命。对笔记本电脑和智能手机而言，类似这样的电池管理系统显得太过复杂且昂贵。

尽管都叫锂离子电池，但车用动力电池的电芯与大众电子消费品电池大相径庭，它们的材料和形制都经过专门优化，更适合车载环境。全球只有宁德时代、松下和LG等少数电池制造商能独立生产优质的车用动力电池，相关的技术资料和工艺过程都是高级商业机密。

充电策略

车用动力电池的充放电策略与大众电子消费品电池也有较大区别。比如，智能手机的电池放电到"0%电量"时，就意味着电池电量确实完全耗尽了，充电到"100%电量"时，就意味着电池电量确实完全充满了。而车用动力电池则不同，无论放电到"0%电量"还是充电到"100%电量"，它的电量都不是真的完全耗尽或完全充满，总会留下大约10%的"冗余"。换言之，你能用上的电池容量总是小于电池的实际容量，这就是我们谈论"总容量"和"净容量"概念的原因。这与传统燃油汽车的"剩余燃油量"有相似的

快充站

逻辑——即使燃油表显示燃油已经耗尽，燃油箱里实际上还是有燃油的。避免动力电池的电量真的完全充满或耗尽，都是为了让它保持健康状态。

　　基于上述技术手段和策略，目前车用动力电池的设计使用里程已经达到 50 万~80 万公里，而电动汽车制造商也有足够的信心为车用动力电池提供更"慷慨"的保修服务，比如现代汽车公司，他们针对车用动力电池的保修政策是 8 年或 16 万公里。

电池老化数据库

　　中国很早就开展了针对车用动力电池老化数据的分析研究工作。从 2008 年上市的 Roadster 算起，特斯拉也已经积累了十几年的车用动力电池老化数据。

透过这些数据发现的规律很有启发意义：行驶里程 25 万公里的电动汽车的平均电量衰减率为 5%，前 5 万公里行驶里程中的平均电量衰减较大，之后逐渐减小并维持在较低水平。对续驶里程约 500 公里的电动汽车而言，这意味着行驶 25 万公里后的续驶里程会减少约 25 公里。

当前的锂离子电池可以实现大约 6000 次完整的充放电循环，按车辆每次充满电后行驶 500 公里计算，总行驶里程能达到 300 万公里，这完全能满足一般电动汽车的使用要求。

内燃机在使用 7~10 年后功率会损失多少？使用 5 万或 10 万公里后能耗会增加多少？通过查阅相关文献你会发现，传统燃油汽车会面临与电动汽车程度相似的"性能衰减"。

雷诺 Zoe E-Sport

50

储能

火山岩也能"发电"？

使用风能和太阳能等可再生能源时，还要解决能量储存问题。目前，有一项新技术可以将能量储存在火山岩中。

汉堡 - 阿尔滕韦尔德（Hamburg-Altenwerder）有一座试验性电热储能厂，可以利用电能将 1000 吨火山岩加热到 750 摄氏度，然后用蒸汽涡轮机将其中存储的热能转换回电能。这家工厂能

汉堡的电热储能试验厂

将 130 兆瓦的热能存储一周时间，这些能量能满足 1.2 万户家庭一天的用电需求。风电系统制造商西门子歌美飒[1]解释说，通过风力发电系统和光伏系统获得的电能可以暂时转换成热能储存在（这家工厂），并在必要时转换回电能传输给电网。

这种储能系统的制造成本仅是现有电池储能系统的 1/10。它能在几分钟内启动，还能在电网出现瓶颈时快速并网发电。长远来看，可以将废弃的煤电厂改造为高效且高收益的可再生能源储存系统。

不仅是火山岩，这种储能系统还可以采用其他储能介质（材料），比如合金材料。电热储能的效率高达 60%，非常适合在转向可再生能源发电后作为电网的有效补充。

---

1 Siemens Gamesa，西门子能源公司的全资子公司。——译者注

汽车火灾

电动汽车更危险吗？

51

2018年，德国消防协会针对锂离子电池进行了全面的风险评估。专家们讨论了锂离子电池火灾的一般处理方法，还专门研究了电动汽车火灾的问题。他们建议以水作为主要灭火介质，同时配合使用热像仪，在扑灭明火（或火势得到控制）后监测电芯温度，防止电芯进一步热失控。此外，进行应急操作时还要考虑电气系统的消防原则。一般而言，消防部门是能从容应对电动汽车火灾的，因为传统消防程序完全适用于处置锂离子电池自燃引起的火情。

风险评估

上述风险评估没有强调电动汽车具有任何特殊风险：经过安全认证的电动汽车与其他动力源的车辆（燃油、天然气）相比，在安全风险上几乎没有区别。火灾测试表明，无论采用什么动力源，同年代、同级别的车辆在燃烧中释放的能量都相差无几。目前，"火灾负载"[1]的增加，才是导致车辆火灾释放热量和烟雾量增大的决定性因素。

应对策略

正如前文所说，电动汽车发生火灾后要用水扑救，也可以用水基灭火剂。扑灭明火后最好用热像仪密切监测动力电池区域的温度变化，温度升高表明即将复燃，温度下降也不能完全排除复燃风险。为了彻底避免复燃，必须用水冷却动力电池区域足够长的时间，直到把车辆移交给拖车服务公司。必须告知拖车服务公司即将拖运的是电动汽车。对于不能排除复燃风险的电动汽车，最好把它停放在空旷的室外场所，远离任何可燃物。

1　比如易燃的塑料件和化纤件。——译者注

NCAP 碰撞测试

市面上能买到的电动汽车通常都接受过"新车评价规程"[1]碰撞测试。如今，大多数量产车型的碰撞安全评级都能达到四星或五星，这意味着它们至少在车内乘员保护上都有不错的表现。在碰撞测试中，电动汽车要经受与传统燃油汽车相同甚至更严苛的考验。车辆的动力电池在碰撞测试中只要有一次起火，整车就会

消防员正在灭火

完全失效。总之，在碰撞保护和主动安全方面得分较高的电动汽车，是可以放心使用的。

禁止驶入地下停车场

在某些情况下，地下停车场的管理者会禁止电动汽车驶入。出于绝对安全考虑，这是合理的决定，尽管绝大多数情况下并不会真的出现什么危险。当然，有些针对电动汽车的"不够人性化"的规定，确实是认知不足造成的。

如果地下停车场完全禁止电动汽车驶入，那么对混合动力汽车是不是也要"另眼看待"呢？其实在过去几十年里，针对天然气汽车也有过类似的禁令与争论。随着电动汽车的更广泛使用，以及安全技术的发展和大众认知水平的提升，一些有关电动汽车的"特殊限制"必然会逐渐消失。

1　NCAP，不同国家 / 地区有不同的称谓，比如欧洲的称为 E-NCAP，中国的称为 C-NCAP，碰撞安全评级从零星到五星，代表碰撞安全水平递增。——译者注

雷雨天气

充电还安全吗？

52

雷雨天气对使用电动汽车有影响吗？雷雨天气下充电安全吗？实际上，雷雨天气对电动汽车的影响与对其他动力源车辆的影响没什么区别，你仍然可以放心驾驶它出行，不必担心自己和家人的安全。不过，在充电方面你还是要稍加注意。

一般而言，雷电有可能击中电网设施或电力装置。与装有避雷针的房屋类似，充电桩和电动汽车上也有防雷击损坏的技术措施。然而，尽管当今的用电设备能通过技术措施在很大程度上消除浪涌电压和电流波动的影响，但雷击的破坏力要远远超过它们，绝不能掉以轻心。

专业措施

如果你在自己的停车位旁安装了充电桩（无论壁挂式还是立柱式），一定要向专业人士征求防雷击方面的建议，确定是否需要做出改进。通常情况下，安装应对雷击的特殊保险装置并不会花很多钱。无论采用什么保护措施，雷电如果直接击中充电电缆、充电桩或相关电气组件，都会造成不小的损失。因此，为确保安全，请在雷雨天时断开车辆/动力电池与充电桩的连接。

别忘记看保险单

雷击属于自然灾害，你为爱车购买的商业保险很可能不会赔偿雷击导致的损失。如果是这种情况，你可能要承担昂贵的维修费用。不过迄今为止，还没有电动汽车遭雷击损坏的典型案例能为我们提供这方面的参考。

一台日产聆风正在快充桩充电

多注意

  事前注意总比事后后悔好！关注天气预报，在雷雨天气到来前及时拔掉充电插头。

一台正在充电的斯柯达 Citigo

100 万公里

电池的纪录

53

如今，至少就电子消费品而言，我们可能已经习惯了"电池只能用两三年"这个事实，许多人据此认为电动汽车的动力电池也是这种情况。然而，正如第 49 个真相所说，除了同属锂离子电池外，车用动力电池与电子消费品的电池有很大差异，它除了具有适应车载环境的特殊结构设计外，还配有复杂的管理系统，使用寿命远超后者。

制造商保修

电动汽车制造商都会为动力电池和电驱动系统提供一定使用年限 / 行驶里程的质量保证和保修服务，通常是 8 年 /16 万公里。如果在此期间动力电池的可用容量低于标称容量的 70%，制造商就会提供动力电池免费换新服务。现有数据表明，只有极少数车用动力电池出现过这种程度的容量衰减。如今的车用动力电池与 10 年前上市的车用动力电池相比，在耐久性和可靠性上已经有了成倍的提升。

行驶里程世界纪录

汉斯约格·弗赖赫尔·冯·格明根 - 霍恩贝尔格（Hansjörg Freiherr von Gemmingen-Hornberg）在 2014 年买下了一台特斯拉

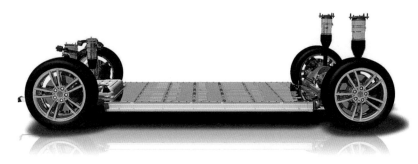

特斯拉 Model S 的底盘与动力电池包

Rivian R1T 皮卡采用了四轮四电机布置形式

Model S P85+。五年后，他创造了一项世界纪录：驾驶电动汽车达成 100 万公里行驶里程。由于电动汽车基本不需要维护，他有两次连续行驶了近 30 万公里，中途没去过修理厂。这台 Model S P85+ 为数不多的几次进厂维修原因如下：

- 在行驶里程达到 32 万公里时，这台车进厂接受了特斯拉官方提供的驱动电机改进升级服务。
- 在行驶里程达到 68 万公里时，这台车更换了中控显示器的微控制单元。
- 在行驶里程达到 70 万公里时，这台车更换了轮毂轴承和驱动桥。

除此之外，这台车还更换过一次动力电池包，原因并非电芯故障，而是充电方面的问题。新动力电池包如今也已经使用了 47.6 万公里。值得一提的是：这个所谓"新动力电池包"其实不是全新的，而是翻新的！因此，电芯的实际工作里程可能更长。当然，轮胎平均每 5 万公里就要更换一次。在行驶里程达到 100 万公里时，动力电池的容量衰减率是 18%，相当于损失了约 60 公里的续驶里程。

长里程领先者

特斯拉的量产车型已经上市很长时间，这些车型的平均行驶里程超过了大多数竞争对手的车型。经验是相通的：现在已经很少有人对动力电池问题忧心忡忡。

冬季的困惑

车身结冰

54

如果你拥有过燃油汽车，在使用电动汽车的第一个冬天就会发现前机舱里没有"热源"的副作用：当环境温度低于零摄氏度时，车身上一些容易存水的"边边角角"就会出现结冰现象。特别是在雨夹雪天气中，车身前部的金属覆盖件，比如前机舱盖上，往往会覆盖一层"薄冰"，如果持续时间较长，甚至可能影响一些传感器的工作，比如通常装在车头正面的毫米波雷达。

这种情况在燃油汽车上很少发生，因为有大约80%的燃油都转化成了热量，这让车身上很难形成结冰条件。如果经常在低温地区长时间行车，建议使用除冰喷雾剂，行车前按产品使用说明适量喷涂到车身上容易结冰的部位，就能在一段时间里有效避免结冰。

一台特斯拉 Model S 正在挪威北部的霍宁斯沃格（Honningsvåg）行驶，这座城市位于欧洲大陆的最北端

55

更清洁的南美交通

公共交通电动化

在乌拉圭，几乎 100% 的电能都来自可再生能源，一次能源中，可再生能源的占比超过了 50%。因此，电动汽车在乌拉圭实现了良好的生态平衡，而且得到了政策支持。哥斯达黎加也有相似的情况。

中国汽车制造商比亚迪生产的电动汽车在乌拉圭首都蒙得维的亚市作为出租车运营，市长带头购买了同款车作为家用车。高速公路上每 60 公里就有一座充电站，覆盖的公路里程达到 5000 公里。

比亚迪的纯电动客车畅销全球

智利的纯电动公交车数量达到 285 台，它们组成了目前南美洲规模最大的电动汽车车队。智利的公交车电动化项目始于 2018 年 12 月，他们初期采购了 100 台比亚迪电动公交车。投入运营的一年中，这些公交车的总行驶里程达到 450 万公里，载客 1300 万人次，实现线路运行 16 万次。最迟到 2040 年，智利境内的公共交通就会完全实现电动化。

上述积极经验正得到更多南美洲国家的关注。首批 20 台电动公交车已经在厄瓜多尔的瓜亚基尔市投入运营；在阿根廷的门多萨市，16 台比亚迪电动公交车替代了传统燃油公交车；巴西的圣保罗市采购了 64 台电动公交车并投入运营；2020 年，哥伦比亚波哥大市决定采购 379 台比亚迪电动公交车。

南美洲目前有超过 70% 的公交线路实现了电动化。

中国的电动汽车制造商 [1]

电动汽车推动者

56

中国拥有全球最大的电动汽车市场。放眼整个亚洲，电动汽车都拥有耀眼的市场表现。目前，中国汽车制造商每年能生产和销售超过 600 万台电动汽车，特斯拉的市场地位已经岌岌可危。

比亚迪股份有限公司

比亚迪的英文缩写是 BYD，他们对这个词的释义是 "Build Your Dreams"（成就梦想）。比亚迪目前是全球最大的电动汽车制造商。化学专家王传福在 1995 年创立了这家公司，他们最初只有 20 名员工，主要生产充电电池。仅仅八年后，比亚迪就成为中国第一、全球第二的充电电池制造商。2023 年，比亚迪的电动汽车产销量都突破了 300 万台。

北京汽车集团有限公司

北汽集团的总部位于北京，他们有着悠久的历史，是第一批生产小型和紧凑型纯电动汽车的中国汽车制造商，旗下产品曾在中国国内市场热销。2013 年，北汽集团与汽车零部件供应商麦格纳（Magna）合作创立了北汽蓝谷麦格纳公司，主要生产极狐（Arcfox）品牌车型。

上海汽车集团股份有限公司

上汽集团的总部位于上海，除了生产乘用车（主要指轿车、SUV 和 MPV）外，他们还生产商用车（主要指货车 / 卡车）。上汽集团的汽车总销量已经超过了宝马汽车公司或梅赛德斯 - 奔驰汽车公司。英国汽车品牌名爵（MG）目前属于上汽集团，2023 年，他

1　鉴于原文某些描述模糊或信息已经过时，译文进行了一定程度的改编。——译者注

们旗下的 MG 4 EV 车型 [1] 在中国以外的市场销售了超过 13 万台，是欧洲市场的紧凑型纯电动汽车销量冠军。

奇瑞控股集团

奇瑞集团在 2010 年就推出了第一款面向消费市场的电动汽车，他们生产的小微型电动汽车在中国市场一直很受欢迎，比如小蚂蚁。2023 年，奇瑞集团的汽车总销量超过 188 万台。此外，他们还与捷豹路虎建立了合资公司 [2]。

重庆长安汽车股份有限公司

长安汽车的总部位于重庆，2023 年，他们的电动汽车销量超过 47 万台。目前，长安汽车拥有电动汽车品牌深蓝（Deepal），同时与华为公司、宁德时代公司合资创立了高端电动汽车品牌阿维塔（Avatr）。

蔚来 ES8

1　一款纯电动紧凑型两厢车，基于上汽集团的星云平台打造。——译者注
2　指奇瑞捷豹路虎汽车有限公司。——译者注

Smart EQ

广州汽车集团股份有限公司

广汽集团的总部位于广州，他们与本田、丰田等多家跨国汽车制造商有合作关系。2023 年，广汽集团的电动汽车品牌埃安（Aion）销量超过 48 万台。

蔚来汽车科技（安徽）有限公司

蔚来有一段成功的创业故事，他们在 2014—2015 年组队参与了首届电动方程式世界锦标赛（FE）并夺得年度车手总冠军，随后在 2017 年凭借 ES8 车型打开中国国内市场——这款中大型 SUV 在工艺品质上甚至能与宝马 X5 媲美。相比传统豪华品牌的车型，蔚来的车型在功能理念和配置上都具有独到的吸引力，比如他们引以为傲的语音助手 Nomi。

吉利控股集团

吉利集团是极星汽车（Polestar）和沃尔沃汽车（Volvo）的母公司，还为英国伦敦市提供了 3000 台黑色电动出租车。公司创始人李书福有丰富的创业经历，被誉为"中国的亨利·福特"。2023 年，吉利集团旗下各品牌电动汽车的总销量达到 98 万台。

57

电动汽车送牛奶

安静又环保

1940—1970 年间，在英国，每天都有众多电动牛奶车负责把新鲜牛奶送到千家万户。得益于电机运转时的低噪声特性，这些电动牛奶车堪称凌晨送奶的不二之选。

身体控制制动

这种电动牛奶车的制动方式很有趣：驾驶员的身体只要离开座椅，一套基于重力的作动机构就会使制动器开始工作。当驾驶员从打开的滑动门跳下车时，送奶车刚好能停稳，而且货厢正对驾驶员。这意味着驾驶员能迅速拿起奶瓶，尽快完成送货上门的最后一段"冲刺"。进入 20 世纪 80 年代后，随着超市的兴起，送货上门服务的需求量曾大幅下降。直到 21 世纪互联网购物飞速发展时，送货上门服务才再度流行起来，而低碳和可持续发展需求则让各种"电动车"成为实现这类服务的首选工具。在伯明翰附近的威索尔交通博物馆（Wythall Transport Museum），你能看到 14 家制造商生产的 29 款历史悠久的牛奶车。

英国乳品制造商 Dairy Crest 的电动牛奶车

增长中的印度市场

为印度"插电"

58

　　预计到 2030 年，印度有 30% 的汽车都会是电动汽车，因为他们在 2015 年第 21 届联合国气候变化大会上作为缔约方签署了《联合国气候变化框架公约巴黎协议》。印度政府在 2015 年启动 FAME 倡议（更快使用和制造电动汽车），为此还推出了财政支持政策。此后，德里的电动公交车数量增加到 1000 台，有效缓解了空气污染问题。此外，在"为印度插电"（Plugin India）倡议的支持下，2019 年 5 月，印度政府决定建造 4000 个充电站，以满足电动汽车的基本补能需求。

　　为提高农村地区居民对电动汽车的接受度，印度政府正大力推广电动皮卡，例如 Dost。2019 年，印度汽车制造商塔塔（Tata）推出了 Nexon EV，这是一款紧凑型 SUV，驱动电机输出功率有 95

千瓦，动力电池能量有 30 千瓦·时，续驶里程约 300 公里。各种型号、尺寸的电动自行车、电动踏板车和电动摩托车已经充斥印度市场，电动拖拉机也即将问世。

印度是一个多元化国家，因此政府从一开始就试图为人们提供尽可能多的"电动化"选项，以提高接受度。截至 2022 年年底，印度只有大约 2700 个公共充电站，远不能满足私家电动车的充电需求，大多数人的电动车都只能在家充电。为此，政府正在与供应商讨论，进一步推进充电站的建设。

2019 年，现代汽车公司的电动汽车 Kona 在印度上市，仅仅几周时间配额便告售罄。尽管这些车放到庞大的印度市场只是"沧海一粟"，但这件事表明不同国家和地区的消费者对电动汽车的兴趣都在增加。印度和中国的人口合计约占世界总人口的 40%，他们都是电动汽车增速较快的市场。

印度班加罗尔的纯电动公交车

月球车

探索月球

59

1971—1972 年，在阿波罗 15 号、16 号和 17 号任务中送上月球的三台月球车都是纯电动的。预先充满电的动力电池让它们拥有 90 公里的续驶里程。目前它们行驶的最远距离大约是 36 公里。由于三次登月任务的着陆点相距甚远，无法重复使用前一次的月球车，每次登月都要带一台新车。

移动探索平台

月球车长 3.1 米、宽 2.3 米、重 210 千克，车身主要由铝合金制成。它的车身可以折叠，运输时的打包尺寸是 0.9 米 × 1.5 米 × 1.7 米，存放在登月舱下半部分的外部，着陆后车身通过线缆展开。拥有月球车后，航天员在月球表面的探索范围大幅增加，运输样品和科学设备也更从容。

月球车的动力电池是一组不可充电的银锌电池，工作电压是 36 伏，容量是 121 安·时，能量有 4.3 千瓦·时。这些电池不仅为月球车提供动力，还为车上的用电设备（比如摄像机）供电。

出于安全考虑，月球车的工作半径被限制在航天员能在必要时走回登月舱的距离。如果月球车发生故障，登月服的生命维持系统让航天员能保持身体机能稳定，直到返回登月舱。

刚修复的月球车挡泥板

行驶中的月球车

创造历史

阿波罗 17 号任务期间，月球车的挡泥板在登月第二天就破损了。航天员用折叠的月球地图、胶水和订书钉进行了"应急修理"，由此创造了历史：在太空中修复（电动）汽车。

第一台电动高尔夫

60

等待是值得的

1976年，大众汽车公司对20台初代高尔夫（Golf）进行了电动化改装。20世纪80—90年代，随后几代高尔夫也实现了小批量的电动化，并定期在车展上亮相，有人将它们视为未来汽车的雏形。

极具传奇色彩的厢式客货车T1"Bulli"和它的继任者T2也曾有少量电动版，后者主要在一些工厂里用于运送工作人员。当时可供车辆使用的充电电池只有铅酸电池，这种电池能量密度很低，导致车辆的续驶里程很短，实用化程度不高。无论电动高尔夫还是电动T1/T2，都只是用于探索未来技术形态的试验性产品，大众从没考虑过把它们投入大批量生产。

大众汽车的新生

2019年的法兰克福车展上，大众推出了ID.3车型，这是一款能让人不禁想到高尔夫和Polo的纯电动汽车。它有三种电池容量，

大众ID.3

大众 ID.Buzz 概念车

能实现 300~500 公里的续驶里程。大众为它提供 8 年/16 万公里的保修服务，让车主们没有后顾之忧。通过 ID.3，大众一方面向业界和公众展示了全新的产品思维和技术方向，另一方面也算是"返璞归真"，因为这款小车真正传承了大众的经典设计理念（代表性车型是甲壳虫和高尔夫）。ID.3 在德国的起售价大约是 3.9 万欧元[1]，基本处在普通消费者可以承受的范围。

　　紧随 ID.3 推出的全新纯电动车型还有 ID.Buzz，它可以算作 T1/T2 的"精神续作"。ID.Buzz 拥有能容纳 8 人（含驾驶人）的车厢空间、600 公里的续驶里程和多种便利功能，还能实现 L2 级别的自动驾驶，堪称那些"二孩""三孩"家庭的低碳出行理想之选。不久的将来，大众会推出更多高性价比的纯电动车型。

1　2024 款 ID.3 在中国的起售价是 12.59 万元人民币，约合 1.6 万欧元。——译者注

波恩的大规模测试

为了环境

61

　　第二次世界大战前，在德国的邮政系统还称为"帝国邮政"（Reichspost）时，电动汽车就已经为邮政事业服务了几十年。鼎盛时期，邮政车队拥有 3000 台电动汽车。战争结束后，随着燃油成本下降，用电成本上升，燃油汽车逐渐在邮政车队中占据主导地位。尽管如此，到 1955 年，联邦德国邮政车队仍然拥有大约 1000 台电动汽车。几年后，汉诺威邮局的对比计算表明，燃油邮政车比电动邮政车更经济。

　　随着城市空气和噪声污染问题持续加剧，推广电动汽车成为重要的政治议题。在（德国）联邦议院的坚持下，邮政部门参与了相

奔驰 EQC 的内饰

奔驰 EQC

关的车辆测试项目。秉持着"为了环境"的口号,1981 年,邮政部门在波恩开展了一次大规模运营测试,投入了 34 台电动邮政车。结果发人深省,按每公里 37 芬尼(约 19 美分)的价格计算,使用电动邮政车的成本是燃油邮政车的两倍。这主要源于当时可供车辆使用的充电电池只有铅酸电池,它们无法提供经济的续驶里程而且重量过大。

寻求盈利

自 20 世纪 50 年代以来,很多国家、机构和企业都在不断尝试研发实用化的电动车。仓储物流、短途客运、休闲旅游等领域一直活跃着很多电动车,比如电动叉车、电动摆渡车和电动高尔夫球车。但续驶里程不足和充电不便的问题阻碍了电动车的更广泛应用。

能量密度高、充电速度快的锂离子电池问世后,长期以来困扰电动车的顽疾迎刃而解。2012 年,特斯拉通过 Model S 车型的大规模量产向世界证明了锂离子电池在车用领域的巨大潜能,为电动汽车后续的高速发展指明了道路,鼓舞着一批又一批厂商进军电动汽车市场。

德国邮政部门也悄然开启了第二次电动化尝试:2015—2020年,大批名为 StreetScooter 的电动邮政车投入运营(详见第 6 个真相)。此时,使用电动邮政车已经不仅仅是"为了环境"——采用锂离子电池的电动邮政车在运营成本上也比传统燃油邮政车低。

宝马的电动汽车

孕育良久的 i3

62

1981 年，一项新型钠硫电池研究项目催生了宝马电动 3 系车型。多年来，这家巴伐利亚企业针对电动汽车开展了多次试验，最终在 2013 年推出了意义非凡的 i3 车型。这款车采用碳纤维车身和 33 千瓦·时动力电池，续驶里程为 130~160 公里。输出功率 125 千瓦（170 马力）的驱动电机让 i3 能在 7.2 秒内完成零百加速，这在当时的同级车中是很不错的成绩。

人才流失

经过几次"零敲碎打"式的升级后，i3 的改进工作被彻底叫停，那段时间，宝马在电动汽车方面的投入显著减少。出于对公司决策的不满，电动汽车部门[1]的几位高级管理者愤然离职，加盟了一家中国初创电动汽车公司[2]。这几位高管曾负责宝马 i3 和 i8 车型的核心系统研发工作。

如今，有些当初从宝马出走的工程师正在为吉利工作，这家中国车企在全球范围都非常成功，他们拥有沃尔沃、莲花等历史悠久的豪华品牌，以及一些地域性品牌（比如马

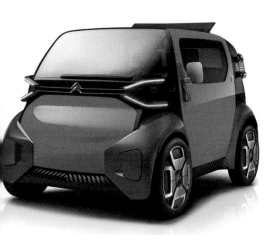

雪铁龙 AMI One 概念车是一款纯电动微型车

1　通常称为"i 部门"。——译者注
2　指"和谐富腾公司"（Future Mobility Corporation Limited，FMC），由腾讯、富士康与和谐汽车三家公司合资创建，拜腾（Byton）是其旗下汽车品牌。这家公司目前已经处在名存实亡的状态。——译者注

宝马 i3

来西亚的宝腾）。吉利的汽车年产规模与宝马不相上下，并且正在
凭借领克等品牌向欧洲市场快速扩张。除了打造伦敦标志性的黑色
出租车外，他们的极星品牌电动汽车和电动版沃尔沃 C40/XC40 都
受到了欧洲消费者的青睐。

电动汽车没有需求？

宝马研发董事傅乐希（Klaus Fröhlich）在 2019 年的一次采访
中表示："消费者对纯电动汽车没有需求，真的没有。"在场记者一
片哗然。几天后，时任宝马首席执行官哈拉尔德·克鲁格（Harald
Krüger）对此反驳道："从 2021 年开始，所有车型都将提供多种动
力源。"

如果宝马的决策层当初认定"电动汽车没有需求"，这家公司
的未来必将黯淡无光。所幸，他们及时纠正了偏见，很快就顺应形
势推出了全新的电动汽车产品序列。

通用 EV1

谁杀死了电动汽车?

63

EV1 是通用汽车公司设计的一款紧凑型纯电动轿跑车，它的量产工作从 1996 年持续到 1999 年。20 世纪 80—90 年代，美国在联邦层面和以加利福尼亚州为代表的各州层面通过了一系列针对燃油车辆尾气排放标准的环保法案，这迫使当时的主要汽车制造商开始加大零排放汽车的研发投入。EV1 的总产量只有大约 1100 台，很多商贾名流对它趋之若鹜，包括丹尼·德维托[1]和汤姆·汉克斯[2]。这款轿跑车堪称技术杰作，它是当时唯一一款纯电驱动的量产车，驱动电机输出功率 102 千瓦（139 马力），最高车速 160 公里 / 时，使用铅酸电池的第一代车型续驶里程在 140 公里左右，使用镍氢电池的第二代车型续驶里程最高可达 230 公里。

只租不售

通用针对 EV1 制订的市场策略是"只租不售"，租期是三年，而且仅面向加州的某些城市提供租赁服务。按照官方的说法，承租人是"研究参与者"。

回收和报废

三年租期结束后，通用陆续收回了所有 EV1，此时，使用镍氢电池的第二代车型刚刚推出。尽管很多承租人表达出强烈的购买意愿，但通用以无法保证备件供应为由，对大多数 EV1 进行了报废处理，只保留了几台，在拆除电池和电驱系统后赠予一些博物馆和学校。直到今天，通用仍然对导致这款电动轿跑车停产的真正原

1　Danny DeVito，美国导演、演员，代表作有情景喜剧《出租车》(*Taxi*，饰演 Louie De Palma) 和电影《霍法》(*Hoffa*，担任导演，同时饰演 Bobby Ciaro)。——译者注

2　Tom Hanks，美国演员，第 66、67 届奥斯卡金像奖最佳男主角奖获得者，代表作有《费城故事》(*Philadelphia*，饰演 Andrew Beckett) 和《阿甘正传》(*Forrest Gump*，饰演 Forrest Gump)。——译者注

福特电马 Mach-E 纯电动 SUV

因三缄其口。EV1 无法融入通用当时的产品体系，在财务上又是彻头彻尾的"包袱"，根本不可能获得发展机会。

争议

2006 年，纪录片《谁杀死了电动汽车》[1]上映，拍摄者对通用终止 EV1 项目的"官方解释"深表质疑（他们认为是政府出于能源利益干预了通用的决策）。通用一直坚称 EV1 项目的终止源于需求不足和无利可图。有关这场争论的更多信息可以参阅网站 www.ev1.org。

埃隆·马斯克在一次采访中说，他制造电动汽车的动机之一就是"传统汽车公司试图扼杀电动汽车"。由此看来，我们似乎可以把特斯拉的一系列产品视为 EV1 的"精神续作"。

美国史密森尼博物馆收藏的通用 EV1

---

1 *Who killed the electric car*，克里斯·佩恩（Chris Paine）执导，汤姆·汉克斯和梅尔·吉布森（Mel Gibson）等主演。——译者注

DKW 电动厢式货车

简单实用

64

DKW 电动厢式货车曾经是唯一一款得到许可在旺格奥格岛[1]上行驶的汽车，这种情况一直持续到 20 世纪 80 年代。这款厢式货车在因戈尔施塔特（Ingolstadt）生产，制造商是汽车联盟公司（Auto Union GmbH）——奥迪汽车公司（Audi）的前身。自 1962 年起生产的 100 台 DKW 电动厢式货车中，有 3 台在旺格奥格岛上运营。在第二次世界大战结束后的欧洲经济复苏时期，一些能源公司和市政公共事业部门也在使用这款厢式货车。

DKW 电动厢式货车的轮距大约是 1.3 米[2]，采用 200 安·时容量的铅酸电池，驱动电机输出功率 5 千瓦，续驶里程大约有 80 公里，最高车速 40 公里 / 时。

DKW 电动厢式货车有很多版本或者说变形车，厢式货车属于"基础型"，此外还有旅行车、公共客车（巴士）、平板车、救护车、牲畜运输车、食品运输车和邮政车，这些变形车的车身结构与"基础型"相比都或多或少有些差异。有趣的是，它们都没有"加速踏板"，驾驶员要通过一个有四个档位的操纵杆来选择"车速等级"。

1950 年生产的 DKW 电动厢式货车

1　Wangerooge，位于德国北海浅滩区的水疗圣地。——译者注
2　作为参照，大众 ID.3 的轮距超过 1.5 米。——译者注

65

纽约的第一家出租车公司

电动货运与客运车公司

20世纪初，纽约的街头巷尾奔跑着大约1000台电动出租车，它们大多由"电动货运与客运车公司"（Electric Carriage & Wagon Company，E.V.W.C.）生产和运营。这家公司成立于1897年，最初只有12台电动汽车。公司经营者认为普罗大众无法驾驭"技术复杂"的电动汽车，因此采用了租赁运营方式。他们为此还配建了服务站，为在租车辆提供维修保障服务。这种经营模式其实并不新鲜，当时的马车运营商大多都是这样干的：出租马匹和车夫，同时在交通枢纽配建换马站。

亨利·布利斯

E.V.W.C. 的业务蓬勃发展，迅速扩张到费城、芝加哥、波士顿和华盛顿特区等地。在电动出租车普及的过程中，还有一些虽然令人遗憾但值得记录的事情：1899年5月20日，电动出租车司机雅各布·杰尔曼（Jacob German）因为违反交通法规，收到了美国政府开出的第一张交通违章罚单；同年9月13日，亨利·布利斯（Henry Bliss）从有轨电车上走下来时，被一台呼啸而过的电动出租车撞倒受伤，第二天早上伤重不治离世，因此成为有记录的历史上第一位电动汽车交通事故受害者。肇事出租车司机被捕后受到刑事指控，罪名是谋杀，但最终被无罪释放，因为法庭判定他是无意而为。

自动驾驶的五个等级

还需要驾驶员吗？

66

　　自动驾驶是一个经常与电动汽车捆绑在一起的话题，多家汽车制造商都曾承诺，自家产品将在未来几年内实现完全自动驾驶，让人们更轻松地从 A 地到达 B 地。国际自动机工程师学会（SAE，原译美国汽车工程师学会）将自动驾驶分为五个等级 [1]：

　　0 级——无驾驶自动化（Level 0——No Driving Automation）

　　驾驶人执行全部动态驾驶任务，包括持续横向（转向）和纵向（加速和制动）车辆运动控制任务，以及目标和事件的监视与响应任务，驾驶辅助系统只在一定条件下（指地理 / 天气 / 路况等）提供警示或短暂控制。相关驾驶辅助功能包括"自动紧急制动"（Automatic Emergency Braking，AEB）、"盲区预警"（Blind Spot Warning，BSW）和"车道偏离预警"（Lane Departure Warning，LDW）。

　　1 级——驾驶辅助（Level 1——Driver Assistance）

　　驾驶自动化系统在有限条件下执行持续**横向或纵向**（两者不同时）车辆运动控制任务，驾驶人执行其余车辆运动控制任务，以及全部的目标和事件的监视与响应任务，并监控驾驶自动化系统。相关驾驶自动化功能包括"车道保持辅助"（Lane Keeping Assistance，LKA）、"车道居中控制"（Lane Center Control，LCC）和"自适应巡航控制"（Adaptive Cruise Control，ACC）。

一台无方向盘的特斯拉自动驾驶概念车内饰

　　1　原文阐述的定义相对模糊，此处依据 SAE J3016-202104 标准相关内容进行了编译。——译者注

谷歌（Google）的自动驾驶试验车

2 级——部分驾驶自动化（Level 2——Partial Driving Automation）

驾驶自动化系统在有限条件下执行持续**横向和纵向**（两者同时）车辆运动控制任务，驾驶人执行全部的目标和事件的监视与响应任务，并监控驾驶自动化系统。相关驾驶自动化功能包括"智能巡航控制"（Intelligent Cruise Assist，ICA，与 ACC 的区别是能同时实现 LKA/LCC 功能）和"自动泊车辅助"（Auto Parking Assist，APA）。

3 级——有条件驾驶自动化（Level 3——Conditional Driving Automation）

驾驶自动化系统在有限条件下执行全部动态驾驶任务，驾驶人需要监控驾驶自动化系统，驾驶自动化系统在极端情况下会提出人工干预请求，此时驾驶人需要接管动态驾驶任务。

3 级与 2 级间的区别除了技术和功能外，还牵涉法律问题，典型的表述是，使用 2 级自动驾驶系统发生事故后，驾驶人必然是责任主体，而使用 3 级自动驾驶系统发生事故后，车辆制造商或相关系统供应商可能成为责任主体。

4 级——高度驾驶自动化（Level 4——High Driving Automation）

驾驶自动化系统在有限条件下执行全部动态驾驶任务，驾驶人不需要监控驾驶自动化系统，驾驶自动化系统在有限的极端情况下不会提出人工干预请求。

特斯拉 Model Y

5 级——完全驾驶自动化（Level 5——Full Driving Automation）

驾驶自动化系统在所有条件下执行全部动态驾驶任务，驾驶人不需要监控驾驶自动化系统，驾驶自动化系统在任何极端情况下都不会提出人工干预请求。

目前是哪一级？

目前，很多市售车型的自动驾驶级别都处在 2 级与 3 级之间，因此有些制造商会宣传说具有 "L2+" 级自动驾驶功能。有些制造商正在对 4 级和 5 级自动驾驶系统进行测试，至少在技术层面，这两个级别的自动驾驶功能是完全可以实现的。一些国家（比如中国）已经划定了部分城市道路区域作为测试区，供具有 3 级以上自动驾驶功能的车辆测试，让自动驾驶系统在实际路况中得到充分"锻炼"。

实际上，就 3 级以上自动驾驶功能而言，最大的实现障碍并不是技术，而是伦理和法律。例如，面对一场无法避免的交通事故，车辆的自动驾驶系统应该以什么原则作出行为决策？假设行驶到交叉口前，面对即将变红的交通信号灯，你的车由于某种原因无法及时制动，如果闯红灯径直冲入交叉口，你的车就会撞到三名儿童；如果进行紧急转向操作，你的车就会撞上混凝土墙，导致你和乘员重伤甚至丧命。显然，无论作出哪个选择，都会导致负面结果，那么自动驾驶系统到底应该如何决策？解决这类问题，对于让大多数人接受自动驾驶至关重要。

67

霍岑闪电

德国的第一款量产电动汽车 [1]

"霍岑闪电"（Hotzenblitz）在电动汽车历史上应该占有一席之地。1990 年，来自伊巴赫（黑森林地区）的电工兼发明家托马斯·阿尔比茨（Thomas Albiez）正式投身电动汽车研发事业，成为两次石油危机后兴起的电动汽车发展浪潮中的先行者。19 个月后，时年 36 岁的阿尔比茨领导团队为第一台原型车装上了车轮。自 1993 年起，他们开始在图林根州的苏尔市生产"霍岑闪电"车型，总产量大约有 160 台。

"霍岑闪电"由一台 12 千瓦（16 马力）三相异步电机驱动，续驶里程约 200 公里，极速可达 120 公里 / 时。《明镜》（SPIEGEL）杂志的一篇长文把这款车描述为"外观奇特的 2+2 四座车，具有类似鸡蛋的造型和楔形的轻量化结构"。"霍岑闪电"的主要构件由铝合金和塑料制成，车身长 2.7 米，全重 700 千克。

遗憾的是，在半自动化的大批量生产开始前，阿尔比茨耗尽了所有投资，预生产工作被迫终止。所幸，这并没有妨碍"霍岑闪电"成为一款备受追捧的电动汽车，直到今天仍然有车迷对它爱不释手。在 2012 年特斯拉 Model S 上市前 [2]，它是唯一一款从零开始研发并批量上市销售的纯电动汽车。

霍岑闪电

1　原文标题有一定误导性，准确说是两次石油危机之后的第一款量产电动汽车。——译者注

2　更确切地说，应该是两次石油危机之后到特斯拉 Model S 上市前。——译者注

充电桩的困扰

典型问题和解决方法

68

如果你开的不是特斯拉，无法使用他们的超级充电站/桩，就会用到不同供应商生产的多种类型的充电桩[1]。不同类型充电桩的操作方式会略有差异，这可能让你不知所措。

为了避免这种情况发生，以下列举了有关充电桩的典型问题和解决方法，希望对你有所帮助。

最近的充电站/桩在哪儿？

如今，几乎所有市售电动汽车都预装了导航系统，其中存储了大量充电站/桩的位置信息，系统能指引你前往距离最近（或耗时最短）的充电站/桩，或通过综合计算最优路线和续驶里程，帮你规划好一段行程中的充电点位。但你可能会遇到抵达导航系统标记点位后却找不到充电站/桩，或实际存在的充电站/桩在导航系统中并没有标记的情况。针对第一种情况，可以尝试在导航标记点位附近寻找指示充电站/桩位置的实体标识[2]，或者下车询问附近建筑物的物业工作人员，这可能是比较快捷的解决方法。针对第二种情况，可以先检查一下车载导航系统是否有更新程序，如果确认没有，可以换用手机导航系统或充电运营商的系统试试能否搜索到，也可以查询相关网站/论坛/公众号，看看是否有针对所在区域的充电攻略。

充电站/桩能用吗？

充电站/桩可能由于各种原因停止服务，比如软硬件故障/损坏、场地改扩建等。大多数情况下，充电站/桩的状态信息可以

1　自2021年开始，特斯拉已经陆续在全球范围内试点开放了非特斯拉车型在超级充电站/桩充电，包括比亚迪、吉利、蔚来、理想等中国品牌旗下车型。——译者注

2　中国目前的充电站/桩指示标识大多采用"绿底白字"或"蓝底白字"形式，但规格并不统一。——译者注

在导航系统或充电运营商的系统中显示，规划好路线后一定记得查看一下即将前往的充电站 / 桩是否可用。如果你发现充电桩有故障但任何渠道都没有提示信息，最好立即告知运营商（服务电话在充电桩上能找到），以便他们尽快修复，避免其他人也"白跑一趟"。

充电桩停车位被占用怎么办？

在充电桩所在的停车位被占用的情况下，你可以尝试联系"占位车"的车主要求他 / 她挪车，也可以花些心思把车停在充电插头刚好能安全插入充电接口的位置。

如果实在联系不上"占位车"的车主，也找不到能"将就"充电的位置，就打电话投诉吧（可以向所在地物业管理、城市管理、交通管理等部门投诉）。与充电桩配套的停车位并不是所有车辆都能无条件使用的，在有明确标识和提示信息的情况下，不充电却占用这类停车位是违法或违规的行为（至少是侵犯他人合法权益）。只要你的投诉合法合规，相关部门就有权要求"占位车"的车主挪车，甚至直接把"占位车"拖走。这样做看起来可能有些"刻薄"，但有很强的警示和教育意义，是值得提倡的。

充电无法开始

如果充电无法开始或正常进行，可能有两个原因：要么是充电桩有故障，要么是你没能成功建立车辆与充电桩间的"连接"或"连接"出现问题。目前的充电操作大多需要通过手机上的软件或程序完成，"连接"不成功可能是软件或程序的问题，也可能是手机信号的问题。如果车辆与充电桩"连接"成功却仍然无法充电，就基本可以确定是充电桩有故障，最好及时联系运营商。

充电速度慢

充电速度慢的可能原因包括：

- 天气非常热或非常冷（详见第 15 个真相）。
- 运营商刻意限制了充电桩的充电功率。

- 如果现场有多个充电桩都在工作，电网负荷管理系统可能会限制某个或某几个充电桩的充电功率。
- 动力电池管理系统因车辆问题限制充电功率。

你不必对上述情况忧心忡忡，除了充电会耗费更多时间外，不会有其他影响。然而，如果在很长一段时间里，你的爱车在不同运营商的充电桩充电都遇到了充电功率很低的问题，就要及时前往汽车制造商授权的服务站检查一下了。

充电中断

这种情况在新建的充电桩或超市停车场可以免费使用的充电桩上比较常见。新建充电桩充电中断往往是软件问题导致的，而可以免费使用的充电桩大多会限制充电时间。如果充电中断且已经一次性缴纳中断前的费用，系统通常不会多次计费。对于充电中断或相关计费有疑问时，可以拨打运营商服务电话咨询。

充电插头无法拔出

在充电过程中，充电桩的充电插头与车辆的充电接口会处于"锁定"状态，无法拔出。遇到充电完成后充电插头无法拔出的情况，先确认充电是否已经结束，确认充电结束后，进行一次车门闭锁 - 解锁操作，再检查充电插头是否可以拔出。如果这样操作仍然不起作用，可以通过车辆上的"紧急释放装置"来解除充电插头的"锁定"状态。你可以通过查阅用户手册或使用说明（通常有纸质版和电子版）找到"紧急释放装置"的位置。尽量不要使用充电桩上的"紧急停止开关"，因为这会使充电桩完全关闭，导致其他车辆无法使用。

69

油改电

让经典车驶向未来

　　如今，欧洲汽车市场上有多家制造商和改装商推出了针对经典车[1]的"油改电"服务，算上材料费和工时费，改装一台经典车的起步价大约是 1 万欧元（约合 7.8 万元人民币）。

　　"油改电"的经典车无法达到正向研发的同级电动汽车的效率和续驶里程。如果想让续驶里程超过 100 公里，改装成本往往会高得离谱，对服务商和消费者而言都不划算。

　　至少在欧洲市场，"油改电"业务对经典车而言只是一种应对排放法规要求的无奈之选。

捷豹路虎经典车部门在 1961 款 E-type 基础上打造的 E-type Zero 纯电动跑车

　　1　中国通常称为老爷车，按照欧美市场的通俗定义，车龄至少在 20 年以上、具有一定文化/历史/商业价值且自身品质和保存状况良好的汽车，才有资格被认定为经典车。——译者注

充电设备 [1]

不同需求不同选择

70

目前的电动汽车通常既可以用交流电（AC）充电，也可以用直流电（DC）充电。当然也有些廉价的或专用的电动汽车只能用交流电充电。注意，这并不是什么缺点或弱势，而只是一种成本导向或实用导向的选择。

交流电充电

你可以通过任何标准家用 220 伏电插座 [2] 给电动汽车充电，只需要准备一根带缆上控制盒（ICCB，保障充电安全并与车辆通信）的充电电缆 [3] 就行了。家用电插座的充电功率一般不超过 3 千瓦，这意味着充电速度会很慢，可能至少要一整晚的时间才能给电动汽车充满电。

家用充电桩

目前市售的家用充电桩以壁挂式为主，它固定在墙上并接入公共电网，通常像家用电插座一样只能输出交流电 [4]。与家用电插座不

使用壁挂式充电桩充电

1　本部分内容结合国内情况进行了一定程度的编译。——译者注
2　三孔或五孔，10 安或 16 安。——译者注
3　有些车型会随车附送，而有些车型需要通过汽车制造商或第三方购买。——译者注
4　因为直流电充电并不适合家用场景，并非技术上无法实现。——译者注

同的是，壁挂式充电桩的充电功率更高，主流功率等级有 7 千瓦、11 千瓦和 21 千瓦三种，整体而言充电速度要比家用电插座快得多，也更安全。

德国电气设备制造商曼奈柯斯（Mennekes）的充电演示车

公共交流充电桩

如今，电力运营商已经在城市人流密集场所（比如大型办公楼和综合购物中心）和主要道路沿途停车位设置了大量公共交流充电桩，也就是我们常说的"慢充桩"，这类充电桩的充电功率与家用壁挂式充电桩处在同一水平。

直流电充电

直流电充电通常就是我们所说的"快充"。直流电充电插头 / 接口与交流电充电插头 / 接口在形式上有很大差异，不能混用。此外，不同国家和地区的交流 / 直流充电插头 / 接口也有很大差异，因为它们遵循不同的技术标准，典型的有美国的 SAE J1772-1996/2017、欧洲的 IEC 62196-2 : 2016（针对交流充电）和 IEC 62196-3 : 2014（针对直流和交直流充电），中国的 GB/T 20234.2—2015（针对交流充电）和 GB/T 20234.3—2023（针对直流和交直流充电），日本的 CHAdeMO（针对直流和交直流充电）。

公共直流充电桩

公共直流充电桩目前主要分布在高速公路服务区和主干道沿途，充电功率通常超过 30 千瓦，一般能在 10 分钟到 40 分钟内为电动汽车充满电[1]。

---

1 取决于电动汽车的平台电压和动力电池荷电状态。——译者注

在家充电

从家用电插座到专用电源

71

每天早上坐进车里，不必等待发动机水温上升，不必担心机油是否充足，不必在加油站排队浪费时间，前一晚你已经用自家充电桩给车充满了电，并且由于充电时间处于用电波谷时段，电费还比油费低得多——这才是电动汽车优势的最佳体现。在家充电的速度取决于两个因素：一个是可用的充电电源，另一个是电动汽车的充电器（车载充电器）。

充电电源或充电器不同，充电速度可能会相差 8 倍：这意味着同样充电 1 小时，一套充电装置传输的电能可能是另一套充电装置的 8 倍。当然，电动汽车充电 1 小时后实际能行驶多远，还取决于它的平均百公里电耗。

取决于充电器

通过家用电插座为配备单相充电器的电动汽车充电，充满耗时

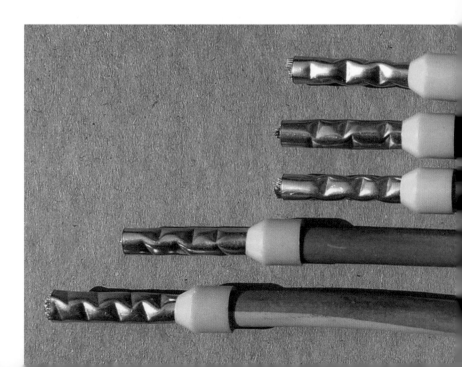

最长；使用专用电插座为配备三相充电器的电动汽车充电，充满耗时最短。从数字上比较：同样充电 1 小时，一个 220 伏的家用电插座配一个 12 安单相充电器，可提供 2.64 千瓦·时电能；一个 220 伏的 CEE 红色电插座配一个 32 安三相充电器，可提供 21.12 千瓦·时电能，两者传输的电能相差 8 倍。

然而，在家快速充电的美好幻想却经常被现实打破，因为：

- 电动汽车必须配备合适的充电器，使用单相充电器充电必然比使用三相充电器慢。
- 充电电源与充电车位之间的距离不能太远，否则充电电缆的成本会很高。
- 充电电缆必须足够粗，否则充电损耗会很大。
- 充电电源的连接必须可扩展。

最后一点，家用充电装置的安装调试作业只能由通过专业资质认证的电工完成，他们知道如何充分利用现有条件做出合理的安排，并向你提供实用且可靠的建议。如果你过了一段时间又购买了另一台电动汽车，那么与充电装置安装调试相关的工作就可能要推倒重来。

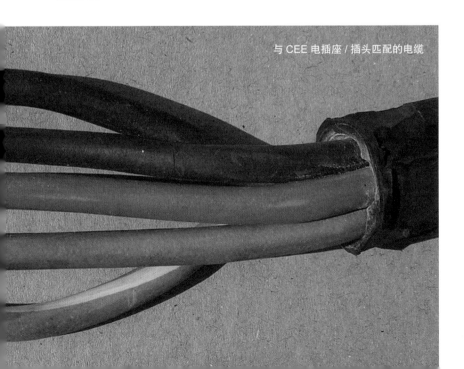

与 CEE 电插座／插头匹配的电缆

中国的积分制度

燃油汽车的数量上限

72

截至 2020 年年底，中国的纯电动汽车保有量达到 400 万台[1]。中国政府制定的政策提出，到 2025 年，在中国市场销售的汽车中至少要有 1/5 是电动汽车。为了实现这个目标，从 2019 年起，汽车制造商在中国市场销售的全部汽车中，必须有 10% 是电动汽车。如果没能完成这个指标，就必须通过购买积分来抵偿。

规则调整

2020 年，（中国的）电动汽车销售占比指标提高到 12%，与此同时，中国政府也在通过政策引导确保国内多数制造商都能完成指标。预计到 2025 年，这个指标将进一步提高到 30% 以上。不过，这套规则对很多外国制造商而言构成了严峻挑战，因为他们在中国

不来梅港的汽车装卸区

---

1 2023 年年底已经达到 1550 万台。——译者注

马自达 MX-30 是一款纯电小型 SUV，采用独特的对开门设计

市场销售的几乎都是燃油汽车，更何况，中国市场还占据了他们全球市场的主要份额。

这套规则还给传统燃油汽车的销量设定了上限，而且不能通过购买积分来抵偿。这意味着一家制造商如果不想从中国市场上消失，就必须在产品规划上做出彻底改变。如今，一些知名跨国制造商已经通过与中国本土制造商合资或合作，创立了一些根植于中国市场的新品牌，开发了很多符合中国市场规则的新产品。

结果

目前，你能在中国市场上买到数百款不同级别、风格和性能的纯电动汽车。在 1 万 ~4 万欧元[1]的价格区间里，只看续驶里程一项指标，最少的车型也能超过 400 公里，最多的车型则能超过 600 公里。总有一款能同时满足你的需求和预算。

除了针对电动汽车销售占比的积分考核措施外，中国政府还实施了针对企业平均燃料消耗量（CAFC）的积分考核措施，用于限制高油耗车辆的生产，大众汽车公司和梅赛德斯 - 奔驰汽车公司都因此受到了影响，但这显然对缓解空气污染大有裨益。

---

1 约合 7.8 万 ~31 万元人民币，基本符合中国国内现实。——译者注

混合动力汽车

平衡之选

73

在排放法规的限制下，许多汽车制造商开始研发混合动力汽车[1]。这类汽车同时装有内燃机和电驱动系统。按照是否能外接电源充电，混合动力汽车可以分为两种：插电式混合动力汽车和普通混合动力汽车。

插电式混合动力汽车（PHEV）

插电式混合动力汽车可以通过外接电源的形式给动力电池充电，纯电续驶里程通常超过 30 公里，有些车型甚至能达到 200 公里。当动力电池的电量减少到一定程度时，电驱动系统会限制驱动电机的输出功率，车辆通常无法以纯电模式行驶，内燃机在驱动车辆之余，还会驱动发电机为动力电池充电[2]。在德国，插电式混合动力汽车可以申请电动汽车专用牌照（详见第 74 个真相）。

普通混合动力汽车（HEV）

丰田普锐斯（Prius）是普通混合动力汽车的代表车型。实际上，除了不能外接电源充电外，它的混合动力系统在工作原理上与插电式混合动力系统并没有本质区别。普通混合动力汽车通常不具备纯电行驶模式或只能以纯电模式行驶很短的距离（而且行驶速度受限），它们的电驱动系统相对内燃机而言大多扮演"配角"，主要作用是在加速或上坡

1　此处专指油电混合动力，不涉及其他形式动力源的混合。——译者注

2　对"插电 + 增程"式混合动力汽车而言，内燃机只负责驱动发电机向驱动电机和动力电池供电，不直接参与驱动车辆，代表车型是理想 L 系列 SUV。——译者注

等对动力需求较高的情况下提供一定的辅助动力，以及尽可能使内燃机的转速保持在经济区间，从而降低油耗。

普通混合动力汽车的动力电池容量通常远小于插电式混合动力汽车，这让它的日常使用方式更接近传统燃油汽车，而非电动汽车。你只需要像使用传统燃油汽车一样，按自己的需求去加油站加油就行了，完全不需要考虑充电的问题。

对那些因为种种客观条件限制而不方便使用纯电动汽车的人而言，普通混合动力汽车是一个很好的平衡之选，它的能耗和使用成本比传统燃油汽车低，对环境相对友好，而且在使用条件上几乎没有限制。

插电版丰田普锐斯

电动汽车专用牌照

意义与优势

在德国，随着《电动汽车使用特权法》在2015年颁布，电动汽车专用牌照也正式推出，从法律上赋予了电动汽车车主一些特殊权利，以激励大众购买电动汽车。电动汽车专用牌照编号的最后一位是字母"E"，类似的还有经典车专用牌照编号（最后一位是字母"H"）。纯电动汽车（BEV）、燃料电池汽车（FCEV）和插电式混合动力汽车（PHEV）都可以申请电动汽车专用牌照，具体指标要求：车辆每公里二氧化碳排放量不超过50克，并且必须能以纯电模式行驶至少40公里。

电动汽车专用牌照的优势

《电动汽车使用特权法》颁布后，使用电动汽车确实能享受一些便利条件和费用优惠。尽管有些"便利条件"没有在法律中明文规定，但各地政府可以根据本地情况以"地方性行政规定"的形式

电动汽车专用标签

实施，比如允许电动汽车使用公交专用道，以及免费或以优惠的费用使用公共停车位，甚至在一些情况下不受道路通行禁令和通行限制的约束。

在需要验证车辆能源性质的场合，比如进入充电站和充电停车位，工作人员大多依据牌照来判断车辆是否属于电动汽车。如果一个区域伫立着带有"E-Auto"字样的标牌（或地面上喷涂有相关标识），就代表这个区域是专为使用电动汽车专用牌照的车辆预留的。不过，这项规定也存在一些瑕疵，因为政府并不强制要求电动汽车使用电动汽车专用牌照，这显然会使那些保留普通牌照的车主丧失很多应有的权益。

无论是德国本国车辆还是外国车辆，没有电动汽车专用牌照都不能使用充电专用停车位，强行使用就属于"违反行政规定"，要受到相应处罚。尽可能多地了解不同城市有关电动汽车的管理规定，能给你的"绿色出行"免去不少烦恼。

电动汽车专用牌照

电动汽车的使用礼仪

新技术与新规则

75

礼仪通常指一套语言和行为规范，能确保一项活动的每个参与者都得到平等的对待。我们建议电动汽车驾驶者在公共充电站以及使用公共充电桩时遵循以下礼仪：

- 先确认与你的爱车匹配的最佳充电功率，再使用相应功率级别的充电桩 / 充电枪充电。
- 面对充电车位被非充电车辆违法 / 违规占用或堵住的情况，始终保持友好的沟通态度[1]。
- 不要在不充电的情况下占用充电车位，即使你的爱车挂着电动汽车专用牌照。
- 爱车充电期间，如果你打算去干点别的，记得在容易找到且清晰可见的位置（比如靠近前风窗的中控台 / 仪表台上）放置带有联系方式（电话号码）的标牌 / 纸条，以便其他人在你的爱车出现问题或周边发生险情时联系你。
- 最好只补充下一阶段出行需要的电量，尽可能缩短充电时间，这是给他人行方便，如果大家都能这样做，充电桩的轮转率就会大幅提升，减少充电等待时间。

Honda e 用摄像头取代了传统的车外后视镜

---

1 友好并不意味着无条件忍让，在别无选择的情况下，该投诉就投诉。——原书注

- 最好在充电前设置电量限制，让电池管理系统在动力电池达到一定电量后自动结束充电并解锁充电枪。

- 充电完成后，尽快驾车离开充电车位。

标示预计充电停车时间的卡片

- 注意把控充电停留时间，有些充电站和充电车位的物业可能对充电停留时间有限制，比如在一定时长内只计电费而不计停车费，超过则都要计费。如果确认没有充电停留时间限制，无论动力电池有多大容量，也尽量不要充电超过 4 小时[1]。

- 在没有征得其他驾驶者同意的情况下，不要擅自从他 / 她的车上拔下充电枪。一方面，这样做显然很不礼貌；另一方面，多数充电枪在充电过程中会与充电接口锁定，强行拔下可能导致损坏。

- 发现充电桩有故障或损坏时，及时告知运营商。

- 在其他车辆因为一些可以理解的紧急情况更迫切地需要充电时，如果条件允许，不要视而不见，让出充电桩 / 充电枪至多会让你多耗费一些时间。

如果你面前是一个规模庞大的充电站，有很多充电桩处在空闲状态，那么你完全可以坦然地耗费几个小时给爱车充满电，因为这不会影响其他驾驶者。然而，如果你面前是一个只有两三个充电桩的高速公路服务区充电站，而且此时恰逢假期，很多车都在排队等待，肆无忌惮地长时间占用充电桩就必然会影响其他驾驶者。总之，有些礼仪可能更像行为底线，而有些礼仪能让你获得尊重与快乐。

1 　对绝大多数正常电动汽车而言，即使是用交流慢充方式，充电 4 小时也足够应对 100 公里左右的旅程。——译者注

政府补贴

助推电动汽车发展

76

德国政府在 2009 年推出的旧汽车报废补贴政策，以国家财政拨款的形式，有效提振了汽车消费需求，促进了汽车行业的良性发展。2016 年 5 月，为推动电动汽车市场发展，德国政府再次出手，为新售电动汽车和燃料电池汽车提供 4000 欧元 / 车（约合 2.9 万元人民币 / 车）的补贴，为新售插电式混合动力汽车提供 3000 欧元 / 车（约合 2.2 万元人民币 / 车）的补贴，前置条件是车辆售价不超过 6 万欧元（约合 44 万元人民币），须由购车者自行提交申请，补贴所需资金由联邦政府和汽车制造商各承担一半，最终由联邦经济和出口管制办公室（BAFA）发放，补贴政策持续到 2019 年年底。

经济利益

2020 年年初，德国政府又出台了新一轮电动汽车补贴政策，时间将持续到 2025 年。新政策规定：售价低于 4 万欧元（约合 32 万元人民币）的，纯电动汽车补贴 6000 欧元 / 车（约合 4.7 万元人

民币 / 车），插电式混合动力汽车补贴 4500 欧元 / 车（约合 3.5 万元人民币 / 车）；售价在 4 万～6.5 万欧元之间的，纯电动汽车补贴 5000 欧元 / 车（约合 3.9 万元人民币 / 车），插电式混合动力汽车补贴 4000 欧元 / 车（约合 3.2 万元人民币 / 车）；售价超过 6.5 万欧元（约合 51 万元人民币）的，不予补贴。除补贴外，还延长了电动汽车免税政策：自购入新电动汽车起 10 年内免征保有税（机动车税）。

相比购买其他汽车，购买符合补贴要求的电动汽车在使用经济性上优势明显。在一些城市，电力运营商为推广安装家用充电桩，向购桩者提供了至多报销 20% 并网费用、减免 500 欧元（约合 3938 元人民币）设备购置费用的优惠条件。例如，在北莱茵 - 威斯特法伦州有一项交通电动化计划，为购买充电桩的个人提供高达 1000 欧元（约合 7875 元人民币）的补贴，而在办公区域设置公共充电桩的企业，甚至能获得高达 5000 欧元的资助。萨克森州正在推动个人和企业购买储能设备，而慕尼黑正大力建设充电基础设施，德国复兴银行也启动了一项用于资助充电站建设的融资计划。

除了上述举措，一些电力运营商还会提供电价优惠，进一步降低电动汽车车主的用车成本。全德汽车俱乐部[1] 的网站上有一份清单，统计了不同城市的补贴政策。

现代 Kona 的内饰

---

1 ADAC，企业化运作的非营利性组织，有汽车租赁、保险和碰撞测试等业务。——译者注

前行李舱

额外的储物空间

77

特斯拉旗下车型的一个重要特点是有实用的前行李舱，Model S 让前行李舱成为电动汽车拥趸眼中的"优秀设计"。

其实，大众甲壳虫（第一代）和保时捷 911 等车型很早就采用了前行李舱设计，而特斯拉与它们的不同之处是，在设计前行李舱的同时并没有取消后行李舱[1]。由于纯电动汽车没有内燃机，电气系统和空调、音响等用电设备占用的空间又相对较小，在延续传统车身设计形式的情况下，"发动机舱"就有了很大的空间设计余度。有些制造商没有像特斯拉那样把"省出"的空间设计为行李舱，而是"融入"了驾驶舱，换言之，就是在车身体量[2]不变的前提下增大了驾驶舱空间，代表车型是大众 ID.3 和雷诺 ZOE。

特斯拉的前后行李舱设计，在增大储物空间的同时，也让车主有更大余度把随车物品分类存放，比如日常用品放前行李舱，而长途出行用品放后行李舱。此外，这种设计对碰撞安全性也有贡献：前行李舱的存在增大了溃缩区[3]，提高了车辆在前向碰撞事故中的安全系数。捷豹的 I-PACE[4] 也采用了这种设计方式。

**捷豹 I-PACE 的
前行李舱**

1　第一代甲壳虫和保时捷 911 采用前行李舱设计很大程度上是后置后驱布局导致的无奈之举。——译者注

2　指轴距和长、宽、高等车身参数。——译者注

3　用于吸收碰撞能量——译者注

4　一款纯电紧凑型 SUV——译者注

78

公司用车电动化

对雇主和员工都有益

德国政府规定，雇主向员工提供公司名下汽车的"使用权"，视为向员工发放"非现金福利"，员工要按照获得"虚拟工资"向政府缴税，这部分"虚拟工资"，也就是"应纳税所得额"的计算方式是"新车售价 × 1%"。举例来说，如果员工获得了一台售价5 万欧元的公司名下汽车的"使用权"，每月工资单上就必须多出500 欧元的"应纳税所得额"[1]。自 2019 年年初开始，在这个征税政策下，纯电动汽车和混合动力汽车能享受一定的费率优惠，前者是按"新车售价 × 0.25%"计，后者是按"新车售价 × 0.5%"计。

除上述优惠外，购买电动汽车的公司在计算所得税时，可以通过把电动汽车的购置费转作折旧费来减税[2]。

插电混动版三菱欧蓝德

1　此处原文描述与实际稍有出入，在按新车售价计税的同时，还会按往返公司的里程计税。——译者注

2　为方便理解，所得税计算模型可以简化为：所得税 ＝（应纳税利润 － 折旧费）× 税率，把购置费转作折旧费等于减少了应纳税利润，相应也就减少了所得税。——译者注

电动汽车该是"首台车"还是"第二台车"？

79

取决于用车需求

　　许多准备购买新车的人可能都会有一个困惑：电动汽车是否能完全替代燃油汽车。为保险起见，很多人只会在购买自己的第二台车时才选择电动汽车，让它与燃油汽车互为"备份"。首先要明确的是，这样做当然足够理性且严谨。但使用一段时间后你可能会发现：你已经离不开电动汽车了！你甚至不想再碰燃油汽车了！以下是电动汽车的购买和使用优势：

- 省心，不必担心所有和内燃机使用及维护相关的问题，比如机油量和水温是否正常。
- 省时间，停放/闲置的时候就能充电，不用像燃油汽车一样专门耗费时间去加油。
- 操作简单且体验感好，完全没有内燃机运转的振动噪声和变速器换挡顿挫带来的烦恼。
- 省钱，得益于电价比油价低且需要定期维护的部件少，使用和维护成本都比燃油汽车低。

两款差异显著的电动汽车：特斯拉 Model S 与雷诺 Twizy

Rivian R1S 是一款纯电中大型 SUV，采用四轮四电机布置形式

几乎没有人在从燃油汽车换用电动汽车后会反悔！电动汽车的普及率一定会越来越高。

优势显而易见

一项研究表明，从燃油汽车换用电动汽车的驾驶者中，有 70% 的人压力水平有所降低。另一项研究表明，人的压力水平与封闭空间中的噪声水平存在联系。驾驶电动汽车对身心健康有积极影响，这在你使用一段时间后就能感受到。当然，也不要贸然做出购买或换购决定，很多汽车租赁公司都能提供电动汽车，可以先租一台用一段时间，亲身体验比任何看到的或听到的信息都更可靠。

我们的建议是，如果你认可电动汽车的优势，也确定自己具备使用电动汽车的客观条件，就放心购买一台电动汽车作为主要出行工具吧，别再为"选油还是选电"纠结了。

车辆声学警告系统

保护行人

80

　　在过去很长一段时间里，有关未来交通的"传统畅想"几乎都包含"静音""零噪声"这样的关键词，人们对交通噪声所持的负面观点也比现在多得多。道路交通的确是工业国家迄今为止最大的噪声污染源，但新的研究表明，让道路交通完全"静音"可能并不是最优选择。欧洲议会已经通过了一项法案：自 2019 年 7 月 1 日起，强制电动汽车发出声音警告信号。此后生产的所有电动汽车都强制配备了"车辆声学警告系统"（AVAS），其目的是保护行人。具体规定包括：

- 车辆起动后，在车速低于 20 公里/时的情况下，AVAS 必须处于激活状态。
- 车速超过 20 公里/时后，AVAS 应关闭，因为轮胎的滚动噪声会变得足够大，可以起到警告行人有车辆接近的作用。
- 车辆在倒行时，如果能发出专用声音信号，则无需激活AVAS。
- AVAS 发出的警告信号的声压级，必须与同级别燃油汽车的发动机噪声声压级相当，但不需要模拟汽油机或柴油机的噪声特性。

　　然而，令人难以理解的是，上述法案仅适用于电动汽车，而不适用于电动摩托车、电助力自行车和普通自行车，以及运转噪声极低的燃油汽车。劳斯莱斯幻影的宣传点之一就是能"完全安静地行驶"，这意味着它不符合这项法案的要求。《道路交通许可条例》（StVZO）第 1 条第 49 款规定"车辆及其拖车的设计，必须确保产生的噪声不超过相应水平。"这显然存在"双重标准"的问题。

维也纳街头的充电车位

电动汽车的保险

认真对待不吃亏

81

电机的技术参数包括额定功率和峰值功率。额定功率能持续输出，而峰值功率只能在短时间内输出。例如，特斯拉 Model S 85D 的驱动电机峰值功率是 386 千瓦（525 马力）[1]，额定功率是 67 千瓦（91 马力）[2]。这个问题与汽车保险分类相关，设定相对较低的电机额定功率能降低保险费用[3]。

车损险

车损险背后大有学问，众所周知，它的保险费与车辆售价直接挂钩。无论动力源相同还是不同，一款售价 15 万欧元的汽车的车损险保险费，一定远高于一款售价 3 万欧元的汽车。

有些保险公司的车损险条款考虑了电动汽车的特殊之处，有针对动力电池、电驱动系统发生短路和火灾导致的人身财产损失的赔偿责任说明，甚至包括动物破坏这些部件导致损失的赔偿责任。如果你仔细阅读保险单，可能会看到这样的条款："除保险条款中描述的损坏事件外，保险公司还承担任何事件造成的电动汽车动力电池损坏的赔偿责任，但以下原因造成的损坏除外：正常损耗、设计或材料缺陷、化学反应。"认真浏览保险单是非常重要的，对条款内容有疑问时，一定要向保险销售人员或相关专业人士咨询确认。

1　此参数对应欧美市场的 2015—2016 款，与同期国内在售的 2015 款稍有差异。——译者注

2　原文如此，暂无法证实。——译者注

3　这种情况只针对德国。——译者注

购买新车（以及制造商官方认证的二手车）时，制造商通常会提供保修服务，但会有一定的使用时间和里程限制。针对电动汽车，制造商通常会特别说明动力电池和电驱动系统的保修条件。如果你的爱车已经超出保修期或保修里程，建议你购买涵盖相关保障的商业保险。互联网上有很多关于电动汽车投保和续保的攻略，做决定前参考一下没有坏处。

标致 e-2008 的续驶里程超过 300 公里

发生故障时怎么办?

不要失去理智

与燃油汽车相比,电动汽车发生故障时需要采取的应急措施没有本质区别,建议你按以下步骤保护好自己、他人和爱车:

- 保持冷静。
- 在能确保人车安全的区域停稳。
- 注意交通情况。
- 开启危险报警闪光灯(双闪)。
- 如果在黄昏或夜晚,打开驻车灯[1]。
- 从远离道路一侧的车门下车。
- 在车后合适距离放置三角警示牌[2]。
- 找一个安全地点等待帮助或救援(比如道路护栏后面)。
- 尽量不要在没有交通信号灯和斑马线的情况下穿越道路。
- 拨打制造商售后服务电话或保险公司服务电话,清楚描述故障情况和停车位置。

汽车制造商一般都会提供道路救援服务,救援电话号码在随车文件里能轻松找到。一些汽车俱乐部也会提供道路救援服务,你成为俱乐部会员后会获得相关权益。最好在中控台的储物格或杂物箱里放一个便签式清单,在

用于道路救援的充电车和充电设备

---

1 只针对一些有驻车灯的欧洲车型。——译者注
2 中国通常是一般道路不小于 50 米,高速公路不小于 150 米。——译者注

拖车
拖行车辆的正确方式

轮胎滑架

轮胎滑架

拖车注意事项

上面写好发生故障时的处理步骤、注意事项和关键联系方式，这样你陷入困境时，大概率不会惊慌失措。

目前，一些电动汽车制造商推出了针对电量耗尽情况的保障服务，当你的爱车电量耗尽无法行驶时，他们会派出拖车帮你把爱车拖到最近的充电站。如果只是一时大意或为赶路而不得已耗尽电量，不必担心爱车会因此受损。

全德汽车俱乐部（ADAC）正在测试两台专用充电车，旨在为那些因电量耗尽而停在途中的电动汽车提供"移动速充"服务，为它们补充一定的电能，确保它们能安全行驶到最近的充电站。在韩国和中国，已经有数百台这类充电 / 救援车处于正式运营状态。就像燃油汽车燃油量过低时会点亮指示灯（或显示提示信息）一样，电动汽车在电量即将耗尽时也会提示你注意，而且大多数车型的车机系统此时都能引导你前往最近的充电站。

如果不得不拖车，一定要先通过查阅用户手册或咨询专业人士了解拖车注意事项：通常禁止驱动轮着地；如果是全轮驱动（四驱）车型，则必须使用平板拖车，任何情况下都不要用拖车绳或拖车杆来拖动这类车型。

充电标准

电能是怎样输入汽车的？

83

　　为了让不同制造商生产的不同型号电动汽车在大多数地方都能充电，一些国家和地区制定了有关充电插头与接口的标准。目前大多数电动汽车都有两个充电接口，分别用于连接直流快充插头和交流慢充插头。北美洲和欧洲自 2017 年起就开始普及整合式充电系统（Combined Charging System，CCS）。由于历史原因，有些车型仍然在使用 CHAdeMO 标准直流快充插头 / 接口。除上述充电插头 / 接口外，在欧洲常见的还有 IEC 62196 标准 Type 2 和特斯拉超级充电站（Supercharger）插头 / 接口。

IEC 62196 标准 Type 2 充电插头 / 接口

　　IEC 62196 标准 Type 2 充电插头 / 接口由德国电气设备制造商曼奈柯斯（Mennekes）研制，因此也称 Mennekes Type 2，适用于 230 伏 32 安单相交流电源（充电功率 7.4 千瓦）或 400 伏 63 安三相交流电源（充电功率 43 千瓦）。

CCS 充电插头 / 接口

　　CCS 整合了交流充电插头 / 接口和直流充电插头 / 接口，通过一副插头 / 接口就能实现交流慢充或直流快充。它分为 CCS Type 1（CCS 1）和 CCS Type 2（CCS 2）两种型号，前者适用于北美洲，基于 SAE J1772/IEC 62196 标准 Type 1 标准插头 / 接口发展而来，支持单相交流和直流电源；后者适用于欧洲，基于 IEC 62196

欧宝 Corsa-e 的充电接口

IEC 62196 标准 Type 2 充电插头和接口

标准 Type 2 充电插头 / 接口发展而来，支持单相交流、三相交流和直流电源，充电功率可达 350 千瓦。

CHAdeMO 充电插头 / 接口

CHAdeMO 是 "Charge de Move" 的缩写，整体含义是 "在移动和前进中充电"，而 "CHA de MO" 又对应日文 "茶でも" 的发音，因此整体也有 "（充电时）要不要喝杯茶？" 的含义[1]，此外，"de" 代表 "电能"。CHAdeMO 标准由丰田、日产等日本主要汽车制造商与电池制造商联合制定，用于直流充电插头 / 接口，支持最高 400 千瓦的充电功率，相应充电设备 / 设施除在日本国内普及外，在韩国、美国和欧洲地区也有分布，但渗透率远不及 CCS。值得一提的是，CHAdeMO 充电插头 / 接口加装适配器后可以给特斯拉车型充电。

满足 SAE J1772 或 IEC 62196 标准的充电插头 / 接口都具有 "锁止装置"，使插头在充电过程中与接口 "锁定"，无法拔出（但拔出力超过一定值仍然是可以拔出的）。此外，车辆上也相应装有 "保险装置"，确保车辆在充电插头与接口连接时无法行驶。

---

1 日文 "でも" 本意是 "但是"，跟在名词后表示不完全举例，有 "……之类" 的意思，因此 "茶でも" 准确的意思是 "要不要喝杯茶之类的？" 这里用这个 "谐音梗" 真正要表达的是引申义 "喝杯茶的功夫就能完成充电"。——译者注

充电插头与接口

不同地区不同形式

主要充电插头/接口类型的地域分布：

- 在欧洲，以 CCS 2（兼容单相和三相交流以及直流）和 IEC 62196 标准 Type 2（兼容单相和三相交流）插头/接口为主，CHAdeMO（直流）插头/接口虽有少量分布但正逐步退市。

- 在北美洲（主要指美国和加拿大），以 CCS 1（兼容单相交流和直流）和 SAE J1772/IEC 62196 标准 Type 1（单相交流）插头/接口为主。

- 在亚洲，日本以 CHAdeMO 和 SAE J1772/IEC 62196 标准 Type 1 插头/接口为主，中国以满足 GB/T 20234.1/2/3 系列国家标准的插头/接口为主。

- 特斯拉在全球范围内使用自己的插头/接口[1]，只有面向欧洲市场的产品使用 CCS 2 插头/接口。

IEC 62196 标准 Type 2 充电插头

1　特斯拉在 2022 年 11 月正式将自己的充电标准命名为"北美充电标准"（North American Charging Standard，NACS），并向全球开放。——译者注

兼容

CHAdeMO 充电插头 / 接口伴随着第一批日本品牌电动汽车进入欧洲市场。后来,国际电工委员会通过 IEC 62196-2/3 系列标准定义了 Type 1/2、CCS 1/2 和 GB(指中国国家标准)三类插头 / 接口,在欧洲范围内主要推广 CCS 2 和 Type 2 插头 / 接口。德国有些充电站兼容 CCS 2、Type 2 和 CHAdeMO 充电插头 / 接口。

CCS 充电插头

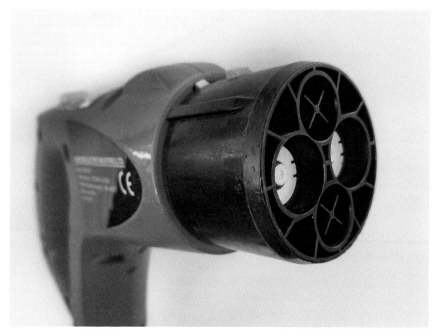

CHAdeMO 充电插头

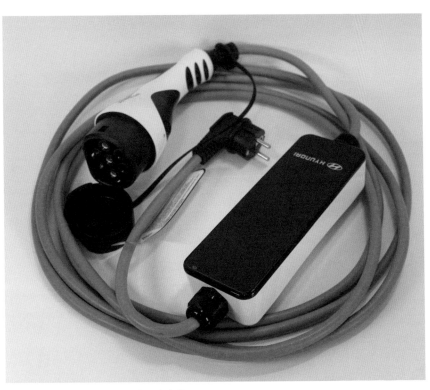

带缆上控制盒（ICCB）的充电电缆

适配器

不同标准的充电插头与接口可以通过适配器连接。在荷兰，充电站运营商 Fastned 为旗下每个充电站都配备了用于 CHAdeMO 和特斯拉充电接口的适配器，让采用这两类接口的车型也能用 CCS 2/Type 2 插头充电。

IEC 62196 标准 Type 1 与 Type 2 插头 / 接口的主要区别

IEC 62196 标准 Type 2 插头 / 接口支持单相交流电和三相交流电，而 Type 1 插头 / 接口只支持单相交流电。前者适配欧洲的供电网（230 伏单相交流或 400 伏三相交流），后者适配北美洲的供电网（110 伏单相交流）。

85

动力电池租赁

这值得吗？

目前，有些电动汽车制造商推出了"动力电池租赁"销售模式，也就是整车售价里不包含动力电池（仍然归制造商所有），购车者支付购车款后要按月交纳"动力电池租赁费"，这明显降低了购车者初期需要一次性支付的费用。有些制造商会依据"月行驶里程"设定不同梯度的月租金，而有些制造商只会设定一个固定的月租金。对消费者而言，在动力电池生产成本高企时，这是一种值得考虑的金融方案。不过，如今动力电池的生产成本正在持续下降，这种金融方案还是否划算就值得考虑了。

比如，日产聆风上市之初提供了"动力电池租赁"销售模式，而目前已经取消了这种模式。

近年来，旧电动汽车开始大量流入二手车市场，这进一步导致"动力电池租赁"销售模式陷入尴尬境地：对二手车购买者而言，与二手车的残值相比，动力电池的租赁成本显然太高了，换言之，恐怕很少有人愿意在选择二手车的同时再为动力电池付租金。

此外，制造商通常会为动力电池提供至少 8 年或 16 万公里的保修服务，而且涵盖了动力电池可能出现的绝大多数损坏情况。因此，如果你打算长期持有一台电动汽车，"买断电池"显然比"租赁电池"更划算。

IEC 62196 标准 Type 2 充电插头与 CCS 充电插头

怎样使用充电桩?

充电步骤

86

　　在公共充电站为汽车充电时,你既可以用智能手机中的应用程序支付充电费,也可以用充电卡支付充电费(详见第 87 个真相)。充电卡通常配有射频识别[1]芯片,只要触碰感应区域就能完成支付。你可以通过充电站运营商的官方销售渠道买到充电卡,完成线上注册后就能用了,充电费一般会按月结算。

　　驾车进入充电站后,你大致要进行如下操作:把车停在充电桩旁(通常有相应的专用停车位),断电;下车后,打开车身上的充电接口盖板[2];激活充电桩,把充电卡贴近充电桩的感应区域,充电桩的控制系统读取充电卡信息并确认无误后,会要求你把充电枪插入充电接口。如果一切顺利,充电桩的触控屏和汽车的中控屏会在几秒后同时显示"充电过程已开始"之类的提示信息。

使用交流慢充桩充电

1　Radio Frequency Identification,RFID,通过无线电信号识别特定目标并读写相关数据。——译者注

2　通常在后翼子板或前翼子板上。——译者注

使用直流快充桩充电

充电时，你可以选择锁好车离开，也可以选择待在车里。大多数车型允许你在充电时使用空调和娱乐系统。当动力电池的电量达到预设值或充满时，充电桩和汽车的控制系统会自动终止充电，充电插头与接口间的"锁止状态"也会解除[1]。如果你打算提前结束充电，先让汽车断电[2]，然后在充电桩的触控屏上按提示步骤操作结束充电。确认充电结束且充电插头与接口"解锁"后，拔下充电枪并放回原位，关闭充电接口盖板。

不同运营商的充电桩可能有不同的操作方式。有些充电桩需要先连接充电插头与接口，才能通过充电卡授权充电。如果你是特斯拉车主，就不存在充电卡的问题，只要连接充电插头与接口[3]，汽车与充电桩间就能建立通信，自动完成授权并开始充电。这种情况也适用于一些采用CCS插头的充电桩。

充电桩使用说明

1　在车里或附近该能听到解锁发出的声音。——译者注
2　针对你待在车里的情况。——译者注
3　前提是使用特斯拉超级充电站。——译者注

充电卡

既省钱又方便

87

在充电站充电，通常会用到充电卡。许多充电站运营商都会发行这种信用卡大小、带有 RFID 芯片的卡片。有些运营商会提供"充电套餐"，把充电站充电与家庭用电绑定在一起，统一按家用电价计费，进一步降低你的用电成本。此外，不同运营商还会建立"充电联盟"，让你能在他们的充电站使用同一张充电卡，并且享受统一电价。

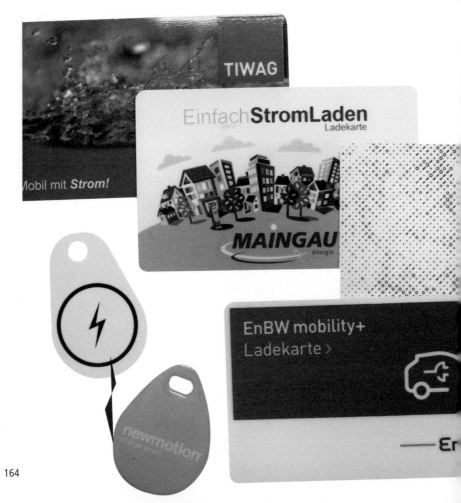

账单取代现金

使用这类充电卡通常按月计费，每到月底，当月的所有充电费会汇总在一张账单里发给你，上面记录了每一次充电的时间、地点、充电量以及相应费用。

考虑到现行的计费模式和普遍的统一电价，电动汽车的充电成本几乎不会受电价波动的影响。不同于经常在月底发生变动的燃油价格，电价通常会在很长一段时间里保持稳定，因为充电站运营商一般会与电力供应商签订长期合同，约定一个固定电价。

充电相比加油还有一个显著区别：高速公路服务区的充电电价通常不会比其他地方的充电电价高。尽管一些不属于"充电联盟"的快充站运营商在刚入市时试图提高电价，但总会有其他运营商靠"薄利多销"的策略击碎他们的"美梦"。截至目前，电价其实一直处于政府监管状态，并不完全随市场变化而波动。

不同地区、不同充电站运营商的充电卡

在国外充电

你会被困在远方吗？

88

在计划自驾出国旅行时，电动汽车车主通常会有充电方面的顾虑，这个问题也许过几年就能彻底解决[1]，但经过一些国家时还是要特别注意。在德国、奥地利、瑞士、荷兰、比利时、丹麦和法国，如果你已经有充电卡，就不必再做什么，因为这些国家的充电卡是通用的，只是电价可能稍有差异。临行前记得查阅充电卡的使用指南，以及目的地的充电站运营商网站，这能帮你避免很多麻烦。

如果目的地是东欧国家，比如去黑海沿岸国家或克罗地亚度假，你应该在临行前了解哪种充电卡能在当地使用以及怎样及时获

1　基于全球充电插头／接口标准将趋于统一的预期。——译者注

得这种充电卡。在某些国家 / 地区,比如捷克,你可以直接用银行卡在充电桩上付费,尽管这种情况电价通常不便宜,但至少不会影响你的行程。

几年后,至少在欧盟地区,伴随着相关协议的落实,你就不必再为这些事操心了。

插电混动版现代 Ioniq

167

低速模式

低速缓行保护电池

89

如果你第一次试图把动力电池的电量耗尽，在汽车的"低速模式"激活时，你可能会感到很新奇。当动力电池剩余电量降低到 3% ~ 5% 时，大多数电动汽车的控制系统都会限制驱动电机输出功率和最高车速。这时，你会明显感觉加速踏板变得很"迟钝"，甚至踩下一半行程也没有明显的加速感，而且最高车速一般不会超过 80 公里 / 时。控制系统这样做是为了尽可能延长续驶里程。如果你一直故意忽视"剩余电量低""续驶里程不足"等提示信息，汽车控制系统就会强制激活"低速模式"。

设置"低速模式"的另一个目的是保持动力电池的健康。在动力电池剩余电量较低时，让它继续输出"大电流"[1] 对它是有害的。

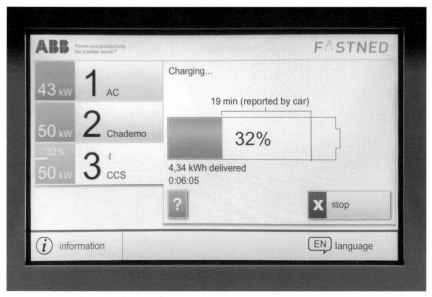

直流快充桩上的触控屏显示的充电状态

1　对应高动力需求，比如加速和爬坡。——译者注

第二代大众 e-UP

大众 e-UP 的续驶里程大约是 230 公里

电动汽车的轮胎

再圆一点

90

　　目前，各大轮胎制造商都在紧锣密鼓地开发适用于电动汽车的新型轮胎。作为轮胎的主要指标之一，滚动阻力现在变得非常重要。轮胎的滚动阻力较高对汽车有三个主要影响：一个是正面的，能确保汽车有良好的制动性能，这是保障行车安全的基础；两个是负面的，一个是会增大能耗[1]，另一个

一台 1902 年生产的电动汽车，采用了实心橡胶轮胎

　　1　因为阻力越大，汽车为克服阻力而消耗的能量就越大。——译者注

标致 iON

是会增大行驶噪声。对电动汽车而言，为克服轮胎滚动阻力而消耗的能量，会占到总能耗的 20%，并显著影响续驶里程。此外，由于电动汽车没有内燃机的运转噪声，轮胎滚动时产生的"胎噪"会变得更明显，甚至让驾乘者感到烦躁。

对大多数汽车而言，在车速较低的情况下，滚动阻力的影响大于空气阻力的影响，而在车速较高的情况下，由于空气阻力会急剧增大，它的影响会超过滚动阻力。

满足新要求的新轮胎

通常，在胎壁标有"AA"字样的轮胎，都是专为电动汽车开发的"低滚阻轮胎"。固特异的 EfficientGrip 系列、米其林的 Energy EV 系列和马牌的 eContact 系列都属于这类轮胎。当然，除了电动汽车，传统燃油汽车也能使用这类轮胎，而且同样能起到降低能耗的作用。

工程师们正在测试用于制造轮胎带束层和胎体的新材料，它们能让轮胎更轻、更耐用，并且拥有更好的空气动力学性能。我们对"理想轮胎"的期待是在保证附着力的同时，滚阻更低、噪声更低，能适应干燥、潮湿或降雪路况，在所有温度下都有一致的性能。

用车成本

燃油还是电力？

91

通常，当你决定买一台汽车时，在资金支出上，不仅要考虑购车价格，还要考虑用车成本（详见第 45 个真相）。几乎每个燃油汽车车主都会或多或少地被频繁波动的汽柴油价格"牵动神经"，因此，其中很多人好奇于电动汽车的使用成本，想知道使用电动汽车是否更划算。好消息是，电动汽车的使用成本确实比燃油汽车低，而且对比计算表明，节省下来的费用是相当可观的。为了保证对比的客观性，下表列出了四款中型车，其中两款是电动汽车，一款能耗相对较低，而另一款能耗相对较高。

年行驶里程 2 万公里的保养成本和轮胎磨损可能产生的更换成本都已经计算在内，但没有详细列出。粗略计算表明，电动汽车的使用成本只有燃油汽车的一半。

日产 e-NV200 纯电厢式客货车的内饰

电力有成本优势

在德国，如果你选择在家给电动汽车充电，只要和电力供应商签订协议，这部分电费就可以单独计算，价格是 0.27 欧元 / 千瓦·时[1]。如果你选择用公共充电桩充电，购买相关运营商提供的充电卡是相对划算的选择。此外，你还可以选择在购物 / 看电影时用免费的公共充电桩充电，这样更经济。

随着新兴市场对能源需求的增加，中期内石油价格仍然会上涨。与此同时，燃油的提炼成本会逐渐走高，这也将反映在燃油价格上。中期来看，我们必须调整出行方式，这一方面源于防止生态环境进一步恶化的迫切要求，另一方面也能节省可观的出行成本。现在买一台电动汽车，至少是不会出错的选择。

能源	能源单价	能耗	车辆（保有）税 /（欧元 / 年）	年均行驶里程 / 公里	年均使用成本 / 欧元
柴油	1.28 欧元 / 升	5.5 升 / 100 公里	240	2 万	约 3010
乙醇汽油	1.37 欧元 / 升	8 升 / 100 公里	130	2 万	约 3400
电能	0.27 欧元 / 千瓦·时	11 千瓦·时 / 100 公里	0	2 万	约 1310
电能	0.27 欧元 / 千瓦·时	18 千瓦·时 / 100 公里	0	2 万	约 1580

1　约合 2.12 元人民币 / 千瓦·时，不清楚此数据时效。以宝马（BMW）和 MINI 品牌在德国国内提供的公共充电服务中的 "Active Tarif" 套餐为例，用户每月支付 4.99 欧元（约合 39.23 元人民币）套餐费，可享受 0.36 欧元 / 千瓦·时（约合 2.83 元人民币 / 千瓦·时）交流充电电价和 0.55 欧元 / 千瓦·时（约合 4.32 元人民币 / 千瓦·时）直流充电电价（2023 年 6 月数据）。作为对比，北京地区国家电网公共充电桩平时电价是 1.45 元人民币 / 千瓦·时（2024 年 5 月数据）。——译者注

电池制造商

东亚和美国

由于需求量巨大，全球每天的电芯产量高达数百万个。除了智能手机、笔记本电脑、平板电脑等消费类电子产品外，电动汽车如今也成为电芯"消耗大户"。尽管目前消费类电子产品的电芯消耗量还远多于电动汽车，但未来这一比例必将发生变化。美国有两家（车用）电芯生产厂，一家属于特斯拉，另一家属于LG化学。LG化学在波兰还有一家类似的生产厂，主要满足欧洲汽车制造商的需求。当下，中国和韩国占据了全球动力电池市场约85%的份额。

未来几年，电芯生产厂的数量还会翻一番。预计汽车行业对锂离子电池的需求量到 2025 年将达到 800 吉瓦·时，到 2030 年将达到 1600 吉瓦·时。

充足的原材料很关键

汽车制造商通常会先预估未来几年的电芯用量，再提前与电池制造商签订供应合同，以确保供应量和供应价格的稳定。这是很有必要的，因为铜、锂等电池原材料的开采速度不可能像生产电芯一样快，不提前几年规划用量是无法获得稳定供应的。在欧洲生产电芯很困难，因为没有能确保供应量的原材料供应商，亚洲在这方面的领先无可争议。正因为这样，全球最大的汽车零部件供应商博世（Bosch）才宣布不会开展电池业务。

特斯拉超级工厂外景

位于中国青海省的比亚迪动力电池工厂占地面积相当于 1500 个标准足球场，年产能达到 24 吉瓦·时

特斯拉 Roadster

93

能量在深夜消失

特斯拉的"待机能耗"

当今的汽车就像一台"移动计算机",包含摄像头、毫米波雷达等众多传感器的驾驶辅助系统需要大量算力。大多数特斯拉车主已经淡然接受了一个事实:他们的汽车深夜停在车位里也会耗电,因为特斯拉让这些汽车始终保持"在线连接"状态,以便通过空中下载技术(OTA)提供远程软件更新,换言之,这些汽车上的很多电子设备永远不会完全关闭,也就是总在耗电。

尽管这部分电耗相对而言很少,但持续24小时也会消耗动力电池总电量的1%~3%,这意味着汽车在长时间停放不用的状态下,动力电池的电量也可能完全耗尽。因此,经验丰富的特斯拉车主在出远门度假前会把电量充到至少80%,或者连接充电器,设定好充电程序,让充电器自动对动力电池进行"涓流充电"[1]。

特斯拉 Model 3 的前风窗采用了有色玻璃

---

1 指以小电流缓慢充电的方式补偿动力电池自放电或少量供电产生的电量损失。——译者注

充电站不是停车场

鲜为人知的标识

94

公共充电站里的充电位不是"公共停车位"。根据《电动汽车使用特权法》的规定，凡有"E-Auto"字样标识的区域，皆属于充电位，不是停车位。遗憾的是，与"E-Auto"字样标识相关的管理措施并不明确，这导致在停车位较少的地区，充电位经常被无故占用或被堵住，在很多车主眼中，那就是"公共停车位"。

管理措施亟待优化

有些电动汽车车主"喜欢"把公共充电位当作"长期专属停车位"，他们甚至会一直插着充电枪，让其他车主既无法停车入位，也无法充电。

如果能明确规定充电位"仅供充电"或"仅允许正在充电的电动汽车停放"，或许会缓解这个问题。目前看来，大多数车主对"E-Auto"字样标识没什么"敏感性"，更不会主动了解相关法规。

专用标签

正如第 74 个真相所说的，在德国，无论你的汽车是本国牌照还是外国牌照，只要不是电动汽车专用牌照，就不能使用带有"E-Auto"字样标识的充电位。那么，针对这项规定有没有变通方法呢？答案是使用专用标签，就像很多国家的汽车要在前风窗上粘贴"年检标签""环保标签"一样，没有电动汽车专用牌照的电动汽车在申请并粘贴专用标签（蓝底带黑色字母"E"）后，就可以享有相应特权。

补充一下：在公共停车场里，如果一个停车位旁有充电桩，但没有"E-Auto"字样标识，就说明它只是一个有充电设施的"公共停车位"，而不是充电位。在这种情况下，任何电动汽车都没有使用特权。

快充桩旁的充电位标识牌，文字意思是"对充电中的电动汽车免费"

车内温度

怎样取暖更高效？

95

汽车驾驶舱是一个相对较大的空间，而且很多时候只有驾驶者一个人。当外界气温较低，需要提升车内温度时，对燃油汽车而言，可以利用内燃机运转产生的热量来加热车内空气，也就是说不需要"额外耗能"；对电动汽车而言，没有内燃机，就只能靠电加热装置（PTC）或热泵空调来加热车内空气，这两种方式都会消耗电能，因此会影响续驶里程。

取暖与里程的矛盾

电动汽车的续驶里程之所以在寒冷冬季会大幅"缩水"，就是因为取暖要消耗大量电能。为了尽可能节省电能，就要提高"取暖效能"：把"生产"出的热量集中在人体重要部位，或者让"生产"出的热量尽可能多地直接传导给人体。事实证明，座椅加热功能（最好与方向盘加热功能搭配使用）是实现这个目标的最佳手段，它能在相对较短的时间里让你明显感受到温暖，即使车内的实际气温并不高。开启座椅加热功能后，你可以放心地把空调温度调低一些，节省一些电能。

欧宝 Corsa-e 的内饰

现代 Ioniq 的前排座椅加热和通风按键以及方向盘加热按键

热泵空调与热管理

　　电加热装置是电动汽车应对低气温的基础配置，但它也是"耗电大户"。相比之下，热泵空调就要高效得多，它通过"制冷 / 热剂"由气态到液态的转换，把从车外环境吸收的热量释放到车内，在"产热量"相同的情况下，它消耗的电能大约只有电加热装置的1/4。此外，有些带有综合热管理系统的车型，甚至能利用动力电池和驱动电机工作时产生的热量来加热车内空气。很多汽车制造商会把热泵空调列为选装配置，如果你所在的国家或地区冬季气温很低（比如加拿大和北欧地区），选装热泵空调绝对是必要的，这会显著缓解你的"冬季里程焦虑"；如果你所在的国家或地区即使到冬季气温也很少低于零摄氏度（比如澳大利亚和南美地区），选装热泵空调就没什么意义。

在线路规划中考虑充电

绿色出行不再焦虑

96

驾驶电动汽车长途旅行时，必然要使用沿途的公共充电站。理想情况是在提供休闲娱乐服务或周围有休憩设施的充电站停歇，这样等待充电的过程就不会枯燥乏味。

路线规划

使用电动汽车的车载导航系统规划出行路线时，系统通常会自动标记沿途的充电站，同时为你规划合理的充电频次和地点。车辆出厂时，系统中就存储了大量充电站位置信息，尤其是高速公路沿线的充电站。这些信息要定期更新，以免标记那些正在维修或已经废弃的充电站，或遗漏那些新建的充电站，给你的旅程带来烦恼。

多数车载导航系统都能通过连接移动互联网自动更新充电站信息。这个功能的优点是不会因为人为因素导致不必要的麻烦，缺点是总会消耗流量，进而产生流量费用。在没有移动互联网信号的地区，规划充电路线可能会很困难。

车载导航系统的替代手段

使用智能手机上的应用程序（APP）或登陆相关网站也能规划充电路线。对于沿途路况复杂多变的长途自驾场景，多一种手段就是多一分保障。几乎每个充电站运营商都有官方应用程序，操作起来并不复杂。"路线规划助手"（Abetterrouteplanner）网站有市场上绝大多数电动汽车的技术参数，它在帮你规划路线时会考虑汽车的续驶里程和能耗水平，甚至沿途的海拔影响，还会告诉你怎样减少能耗，比如在从一个充电站前往另一个充电站的过程中保持多少车速合适。

使用智能手机规划路线

考虑目前智能手机的普及程度，搜索充电站其实是一件很轻松的事。最便捷的方式是使用谷歌地图，它不仅能搜索充电站，还能按充电桩类型筛选，在你规划好一段路线后，它会标记沿途的充电站，并实时显示充电桩的占用情况。当然，这些功能也是大多数车载导航系统都具备的。

电动汽车中控屏上显示的导航和续驶里程信息

电池容量与续驶里程

电动汽车的效率有多高?

97

对电动汽车而言,动力电池容量大就一定意味着续驶里程长吗?并不一定,还要看它的平均百公里电耗水平。众所周知,对燃油汽车而言,如果内燃机的平均百公里油耗很高,哪怕燃油箱的容量很大,它也跑不了多远。电动汽车是同样的道理。

怎样才算经济?

如果一款电动汽车的平均百公里电耗低于 20 千瓦·时(包括车速不高于 130 公里/时的所有行驶场景),我们就可以认为它是经济的。现代 Ioniq 和特斯拉 Model 3 的平均百公里电耗都低于 15 千瓦·时,算是"优等生"。世界上允许汽车在公共道路上超高速行驶(超过 130 公里/时)的国家屈指可数,因此车速 180 公里/时状态下的电耗指标并不重要,在这个车速下,空气阻力很大,所有电动汽车的电耗都很高。

导致一款电动汽车的平均百公里电耗超过 20 千瓦·时的原因主要有三个:电驱动系统效率较低;空气动力学性能不佳,导致行驶时的空气阻力很大;车重较大。电动 SUV 的平均百公里电耗通常都不太理想,比如特斯拉 Model X 和奥迪 e-tron,但它们车内空间大,载人载货量大,有的还能选装拖挂钩,实用性强过大多数电动轿车。你最好根据自身情况考虑,是选择更经济还是更实用。

从使用便利性的角度看,充电速度也是重要指标,这可以通过"增加 100 公里续驶里程所需充电时间"来衡量。但无论充电速度有多快,在充入电能相同的情况下,你要支付的电费不会少一分钱，真正能左右用车成本的还是平均百公里电耗水平。

展望

　　未来的汽车会变得更经济吗？鉴于目前动力电池和驱动电机技术以及相关控制技术的发展水平，答案是大概率会。通过开发更高效的综合热管理系统，工程师们已经明显改善了电动汽车的平均百公里电耗水平。电/机械传动系统的能耗优化潜力还很大，未来一定会涌现出更多有创造性的方案。

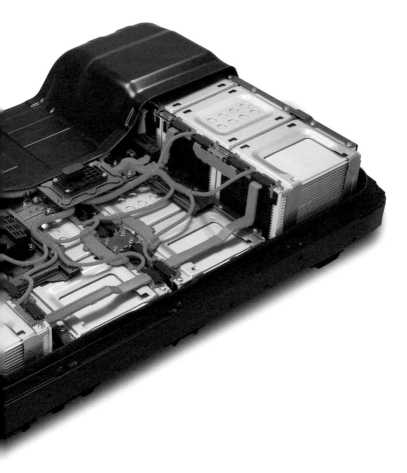

日产聆风的 64 千瓦·时动力电池包

昂贵的电动汽车

多重因素导致售价偏高

98

电动汽车很贵吗？这要从正反两方面看。由于二手电动汽车市场目前还处在培育阶段，你能买到的电动汽车大多是新车。制造商在给一款电动汽车定价时通常要考虑下列因素。

投资成本

对传统汽车制造商而言，生产电动汽车通常必须新建一条生产线，这笔投资成本必然要折算到车价里。因此，尽管电动汽车的生产工序相比燃油汽车可能少一些，但定价一般不会比同级燃油汽车低。

动力电池成本

动力电池成本在车价中的占比很大，而且容量越大，成本越高。目前，锂离子电池的电芯价格仍然处在高位，供不应求。不过，随着电池生产厂数量和产能的提升，未来几年的动力电池成本会有一定降低。

科技配置成本

除了"零排放"外，如今的电动汽车大多会以"智能人机交互""高级驾驶辅助"等配置作为卖点，这些配置确实能提升用车体验，但也都价值不菲。

"后市场"收益少

燃油汽车有庞大的"后市场"，仅基础保养业务一项就创造了可观的收益，汽车制造商也能通过一定方式从这条产业链中赚取利润。相比之下，电动汽车几乎不需要保养，"后市场"创造的收益非常有限，制造商肯定会通过新车销售来补上这部分利润缺口。

很多人认为电动汽车价格高昂，这在一定程度上要归咎于特斯拉。他们最初的车型售价超过 10 万欧元（约合 78 万元人民币），目前的入门级车型 Model 3 售价也要 4 万欧元（约合 31 万元人民币）起。相比之下，现代、日产和雷诺的电动汽车售价都不算高，入门级车型售价在 2 万~3.5 万欧元（15 万~27 万元人民币）之间。大众、标致等制造商也推出了性价比很高的车型。更重要的是，来自中国的制造商也在竞相开拓欧洲市场，他们的产品在技术上有一定优势，而且售价通常很有竞争力，这必然会迫使其他制造商调整定价策略。可以预见的是，电动汽车的平均售价未来会有很大下降空间。

日产聆风 e+ 曾是欧洲市场最畅销的电动汽车

购买电动汽车有什么风险？

优点是什么？

99

你的下一台车可能是电动汽车吗？买车不是一件简单的事。我们买车时并没有自己想象的那么理性，喜不喜欢一款车往往是一件很感性的事。让你做出决定的肯定不只是那些技术参数，还有它能满足你的什么需求，当然，最重要的是你打算为它花多少钱。

你是否曾为选汽油车还是柴油车纠结？下次买车时，建议你考虑一下电动汽车，混合动力汽车也不错。

沃尔沃 XC40 Recharge

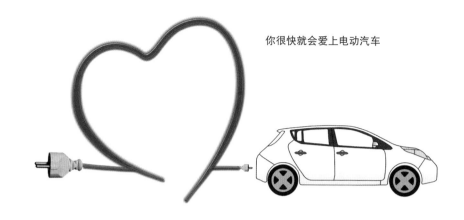

你很快就会爱上电动汽车

先租一台

如果你还犹豫不决，可以先租一台电动汽车。很多汽车租赁公司都提供电动汽车长租服务，用一段时间你就能熟悉电动汽车与燃油汽车在使用上的差异，包括充电这种完全不同于加油的补能方式。

以租代买

如果你不想为电动汽车一次性支出很多钱，也可以选择以租代买。有些汽车制造商会提供以年计的租赁服务，从金融角度看很有吸引力。你可以先用两三年，熟悉它的使用方式，充分了解它的优缺点，看看到底是不是真的适合自己。当然，你甚至可以一直不买，就这样每过两三年就租一台新车。按现在的发展速度，也许不用几年动力电池技术就会有很大突破，并且更成熟稳定，充电也会更便捷高效，到那时再选择买一台电动汽车，也不失为明智之举。

参加俱乐部

要想充分了解不同品牌、款型电动汽车的使用特点，加入民间电动汽车俱乐部是不错的选择。这类俱乐部通常欢迎任何对相关品牌感兴趣的人加入，你可以和其他会员充分交流使用经验。

电动出租车

环保且成本低

100

伦敦标志性的黑色出租车现在都是"电动的"，由中国的吉利汽车公司生产。伦敦市中心的"低排放区"正在实行更严格的排放规定，限制老旧燃油汽车驶入，同时推动出租车的"电动化"转型，以改善空气质量。尽管伦敦目前的空气质量指数仍然超出限值，但"电动化"举措已经带来明显变化。英国政府计划从2035年（甚至更早）开始禁止汽车制造商在英国境内销售传统燃油汽车，这对某些地区而言几乎已成定局。在亚洲，得益于成本降低和政府补贴，出租车的"电动化"进程如火如荼。

新加坡街头的现代 Kona 纯电出租车

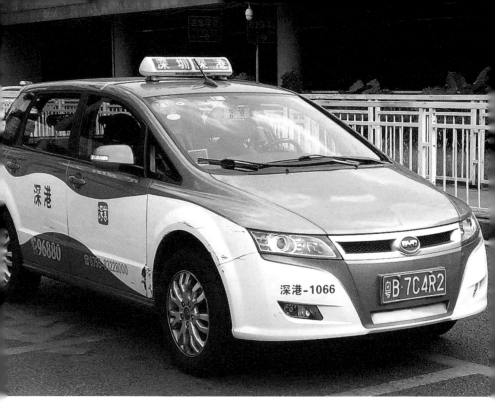

深圳街头的比亚迪 E6 纯电出租车

德国也有电动出租车？

在德国，电动汽车曾在很长一段时间里无法成为出租车。根据《出租车计价器校准规定》，只有制造商生产的专用车型才能作为出租车使用。如今相关法律已经调整，出租车司机们可以自由更换"零排放"汽车。

在亚洲城市，电动出租车已经稀松平常，典型的像中国的比亚迪 E6，它后排空间宽敞，多数乘客能自如伸展双腿。如果你驻足上海市区繁忙的交叉口，一定会惊讶于超低的交通噪声，因为那里的公交车和出租车几乎都实现了"电动化"。

除了降低交通噪声外，使用电动汽车还能降低空气中的可吸入颗粒物含量，这会极大改善呼吸系统敏感人群的出行体验。出租车是一种公共交通工具，它的全面"电动化"对改善我们的生存环境大有裨益。

未来的电池会是什么样?

理想照进现实

101 固态电池或许将彻底改变电动汽车,它在综合性能上相比当前的锂离子电池有了质的提升,包括更大的能量密度、更强的温度适应性、更高的安全系数。此外,锂金属电池、锂硫电池、海水电池、铅碳电池、金属硫电池、纳米管电池和石墨烯电池技术,在过去几年一直备受关注,它们都可能成为打开"电池革命"大门的钥匙。

与这些还处在试验开发甚至理论设想阶段的电池相比,固态电池目前是最可能大批量投产的。

研发时间长

如果你了解工程师们耗费了多长时间才让锂离子电池成为合适的"车用动力电池",就能明白固态电池不太可能在短时间里大量应用于量产车型。从制成少量实验室样品,到批量生产搭载固态电池的电动汽车,恐怕至少需要五到十年时间。此外,固态电池真的能满足多样化的日常使用需求吗?目前还没有全面测试和长期使用经验能帮我们回答这个问题。对于固态电池的循环稳定性,我们还一无所知。最悲观的情况下,固态电池可能只是昙花一现。

有关固态电池技术的新闻稿和宣传文案总能"振奋人心",但写作者的重点往往是获得舆论和经济支持,事实情况是否真如他们所说,恐怕必须打一个问号。时间会告诉我们下一代电池技术到底是什么模样。目前,你可以放心买下一台搭载锂离子电池的电动汽车,因为它们经历了充分的市场考验,不会出什么大问题。未来几年,就购买电动汽车而言,锂离子电池车型肯定是最划算的选择,因为就像其他新技术一样,那些新型电池在刚推向市场的几年里都会有很高"溢价"。